La Gran Depresión

Una guía apasionante de la peor recesión económica de la historia del mundo industrializado

© Copyright 2025

Todos los derechos reservados. Ninguna parte de este libro puede ser reproducida de ninguna forma sin el permiso escrito del autor. Los revisores pueden citar breves pasajes en las reseñas.

Descargo de responsabilidad: Ninguna parte de esta publicación puede ser reproducida o transmitida de ninguna forma o por ningún medio, mecánico o electrónico, incluyendo fotocopias o grabaciones, o por ningún sistema de almacenamiento y recuperación de información, o transmitida por correo electrónico sin permiso escrito del editor.

Si bien se ha hecho todo lo posible por verificar la información proporcionada en esta publicación, ni el autor ni el editor asumen responsabilidad alguna por los errores, omisiones o interpretaciones contrarias al tema aquí tratado.

Este libro es solo para fines de entretenimiento. Las opiniones expresadas son únicamente las del autor y no deben tomarse como instrucciones u órdenes de expertos. El lector es responsable de sus propias acciones.

La adhesión a todas las leyes y regulaciones aplicables, incluyendo las leyes internacionales, federales, estatales y locales que rigen la concesión de licencias profesionales, las prácticas comerciales, la publicidad y todos los demás aspectos de la realización de negocios en los EE. UU., Canadá, Reino Unido o cualquier otra jurisdicción es responsabilidad exclusiva del comprador o del lector.

Ni el autor ni el editor asumen responsabilidad alguna en nombre del comprador o lector de estos materiales. Cualquier desaire percibido de cualquier individuo u organización es puramente involuntario.

Índice de contenidos

INTRODUCCIÓN 1
CAPÍTULO 1: ANTES DE LA DEPRESIÓN, EL *BOOM* DE WALL STREET 3
CAPÍTULO 2: LA CAÍDA DE WALL STREET DE 1929 12
CAPÍTULO 3: EL SISTEMA BANCARIO ESTADOUNIDENSE AL BORDE DEL ABISMO 22
CAPÍTULO 4: EL *DUST BOWL* Y LOS PROBLEMAS AGRÍCOLAS 31
CAPÍTULO 5: LA RESPUESTA DEL GOBIERNO: HERBERT HOOVER 40
CAPÍTULO 6: LA VIDA DURANTE LA GRAN DEPRESIÓN 50
CAPÍTULO 7: ROOSEVELT Y SU *NEW DEAL* 60
CAPÍTULO 8: IMPACTO INTERNACIONAL DE LA GRAN DEPRESIÓN 71
CAPÍTULO 9: LAS ARTES EN LA GRAN DEPRESIÓN 82
CAPÍTULO 10: EL FINAL Y EL LEGADO 93
CONCLUSIÓN 103
VEA MÁS LIBROS ESCRITOS POR ENTHRALLING HISTORY 105
REFERENCIAS 106
FUENTES DE IMAGENES 113

Introducción

Hay días en la historia de la humanidad que son sombríos recordatorios de nuestra capacidad para estar a la altura de las circunstancias y vencer los desafíos. La Gran Depresión, una época de ansiedad y preocupación, fue uno de esos días. Fue un periodo de la historia en el que el mundo se enfrentó a problemas económicos, malestar social y peligros sin precedentes. Sin embargo, a pesar de los temibles obstáculos, surgió un gran coraje y un espíritu de innovación que cambió el curso del siglo XX. Este libro examina aquellos días inestables. Es una historia de derrotas y triunfos de individuos, familias y naciones. Cuenta la historia de la fortaleza humana frente a pruebas ominosas, y de la esperanza a pesar de la profunda desesperación.

La Gran Depresión produjo cambios imborrables en las personas, la sociedad, la política y la cultura. La desigualdad de ingresos, la falta de vivienda y el desempleo se convirtieron en rasgos muy visibles del paisaje estadounidense. Los funcionarios públicos y los políticos se enfrentaron a las consecuencias de las malas decisiones y se vieron obligados a abordar y cambiar las políticas imperantes. Los lazos familiares y la resistencia de las comunidades se pusieron al límite. La Gran Depresión exigió a los estadounidenses reconsiderar sus tradiciones, sueños y ambiciones.

Descubra las causas y consecuencias de la Gran Depresión. Examine la economía, los comportamientos del mercado, las corrientes sociales y las medidas gubernamentales que condujeron a la tragedia final. Camine por las lúgubres calles de los *Hoovervilles*, sitúese en las filas para reclamar pan y en los comedores de beneficencia con los desempleados, y vea cómo las familias vagan por el país con las pocas pertenencias que pueden cargar.

Investigue la respuesta del gobierno, en particular el *New Deal* de Franklin D. Roosevelt, y su impacto en la recuperación de la nación. Las artes, la literatura y la cultura de la década de 1930 permitieron a artistas y escritores captar la esencia de la experiencia humana. Las comunidades marginadas se enfrentaron a graves problemas, pero contribuyeron a la recuperación final, a pesar de las dificultades. Explore cómo lo hicieron.

Este libro hace algo más que citar hechos y cifras. Nuestra sociedad actual fue moldeada por los acontecimientos de aquella época trascendental. Todavía se puede sentir la influencia que la Gran Depresión tiene en la política gubernamental y en nuestra comprensión de la determinación y la fuerza de carácter frente a la adversidad.

La Gran Depresión no es una historia lejana. Es una parte esencial de la historia de la identidad estadounidense y de cómo la comunidad mundial respondió a la crisis. Es un tributo a nuestra capacidad para afrontar la desesperanza y salir de ella más fuertes, más sabios y más compasivos.

Fue un periodo oscuro, pero hubo destellos de luz. Personas extraordinarias encontraron la fuerza para resurgir de las cenizas y aparecer en todos los ámbitos de la vida en aquellos días. Sus experiencias son un testimonio del indomable espíritu humano y un recordatorio de que, incluso en los peores tiempos, existe la posibilidad de un mañana más brillante.

Capítulo 1: Antes de la Depresión, el *boom* de Wall Street

Un espejismo rugiente

Lo que hizo que la Gran Depresión fuera tan terrible fue el periodo de crecimiento que precedió a la caída. Los locos años veinte fueron una época de optimismo en Estados Unidos. La Primera Guerra Mundial había terminado, y cuando los soldados volvieron a casa, encontraron una economía en plena ebullición debido a la producción de los tiempos de guerra. Las mujeres por fin tenían derecho al voto y la sociedad avanzaba con confianza. Se respiraba prosperidad. Las familias de clase media experimentaban niveles de riqueza que nunca antes habían conocido, gracias al aumento de los salarios. Los consumidores derrochaban en automóviles, ropa y radios. Estos productos no eran muy caros, por lo que estaban al alcance del ciudadano común. Por ejemplo, la introducción de la cadena de montaje de Henry Ford en la industria automovilística facilitó la compra de autos a precios asequibles. La gente se trasladó del campo a las zonas urbanas y disfrutó del ritmo acelerado de la vida en la ciudad. Parecía ser el mejor de los tiempos para la sociedad estadounidense. Eso parecía[1].

---

[1] *Deceptología*. (2022, 29 de noviembre). *La prosperidad de los años veinte: Una ilusión para muchos*. Extraído de Deceptology.com: https://www.deceptology.com/deceptive/the-prosperity-of-the-1920s-an-illusion-for-many.html.

Productividad económica

Las cifras mostraban que era cierto que Estados Unidos estaba experimentando un auge económico. A principios de la década, se produjo una breve recesión, pero el producto interno bruto (PIB) comenzó a aumentar significativamente en 1922, y siguió subiendo cada vez más. El PIB real en 1920 fue de 677.700 millones de dólares, y alcanzó los 977.000 millones en 1929.

El mayor tesoro de la economía era el mercado de valores. El Dow Jones Industrial Market pasó de 63,9 puntos, en agosto de 1921, a 381 puntos antes del Viernes Negro, en octubre de 1929, un salto de más del 500 %.

La forma en que se compraban las acciones fue una de las principales razones de este espectacular aumento. Se permitió a los consumidores comprar acciones con márgenes de garantía (*margin call*). El margen de garantía era una forma de préstamo en Wall Street, en la que el inversor debía aportar entre el 10 % y el 20 % del precio de una acción, y el agente de bolsa que compraba las acciones le prestaba la cantidad restante. Así, las personas podían comprar más acciones y obtener beneficios considerables si los precios subían.

El margen de garantía era un seductor instrumento financiero para enriquecerse rápidamente. Los profesionales experimentados del mercado podían gestionar cualquier oscilación de los precios de las acciones. Los aficionados, en cambio, tendrían problemas si el precio de las acciones bajaba de repente, ya que seguían debiendo lo que se le había prestado, y un desplome de los precios les provocaría una grave situación de endeudamiento[2].

Los bancos

La economía estadounidense experimentó ciclos de auge y caída en el mercado de valores, pero siempre fue capaz de recuperarse y seguir adelante. En el espejismo de los locos años veinte había algo más que teletipos. El sistema bancario de Estados Unidos era muy vulnerable. Veamos algunos factores clave que explican esta situación.

---

[2] Amadeo, K. (2022, 28 de marzo). *1920s Economy*. Extraído de The balancemoney.com: https://www.thebalancemoney.com/roaring-twenties-4060511.

- Falta de supervisión federal

En la década de 1920, Estados Unidos no contaba con un organismo nacional centralizado capaz de regular el sector bancario y supervisar exhaustivamente la actividad fiscal. Cada estado regulaba la banca dentro de sus fronteras, lo que daba lugar a un panorama normativo fragmentado e incoherente. La regulación estatal podía incluir requisitos que exigían que los bancos fueran locales y tuvieran pocas sucursales, exponiendo a las instituciones a las consecuencias de una recesión económica local y a las quiebras de bancos regionales.

La ausencia de un regulador federal permitía variaciones en las prácticas y normas bancarias de los distintos estados, lo que dificultaba la estabilidad del sistema. Los bancos estatales no estaban sujetos a una regulación coherente, lo que provocaba variaciones significativas en los requisitos de reservas, la adecuación del capital y las prácticas crediticias[3].

- Alimentar a la bestia

Los bancos de la época ofrecían préstamos agresivos y créditos a particulares y empresas sin garantías suficientes ni una evaluación seria del riesgo. Surgió un auge del crédito, en el que las empresas nuevas podían pedir prestado para apoyar su expansión, lo que provocó que los inventarios crecieran sin control.

Los bancos desempeñaron un papel importante en la generación de la oleada bursátil. La compra de márgenes en el mercado bursátil permitió a los inversores apalancar sus inversiones y causó la expansión de una burbuja bursátil insostenible. Los bancos prestaron dinero a los especuladores bursátiles, y esos inversores utilizaron el efectivo para financiar más compras con márgenes de garantía[4].

- Falta de garantías suficientes

La Reserva Federal no fue capaz de frenar la estampida hacia la Gran Depresión, a pesar de sus advertencias a los bancos sobre las dificultades que se acercaban.

---

[3] Firey, T. A. (2014, 23 de septiembre). *Cómo el gobierno causó la Gran Depresión*. Obtenido de The Maryland Public Policy Institute: https://www.mdpolicy.org/research/detail/how-government-caused-the-great-depression.

[4] McGee, S. (2021, 13 de mayo). *Cómo las quiebras bancarias contribuyeron a la Gran Depresión*. Extraído de History.com: https://www.history.com/news/bank-failures-great-depression-1929-crash.

El valor del dólar estadounidense estaba vinculado a una cantidad fija de oro. Esta restricción limitaba la capacidad de aumentar la oferta monetaria, porque la Reserva Federal tenía que mantener una reserva específica de oro. Esta correspondencia con el oro contribuyó a la incapacidad de la Reserva Federal para estimular eficazmente la economía y poner fin a la crisis financiera cuando esta llegó.

Durante la década de 1920, la macroeconomía como campo de estudio estaba todavía en sus primeras etapas, y la Reserva Federal tenía una comprensión limitada de cómo funcionaba la economía a gran escala. Los responsables políticos seguían las ideas del pensamiento económico clásico y creían firmemente que las recesiones económicas se regulaban por sí mismas, sin grandes intervenciones gubernamentales. En consecuencia, no se consideraron necesarias políticas públicas significativas.

Por último, los bancos ignoraron todas las advertencias. Se calcula que más del 90 % de los bancos estadounidenses tenían inversiones en el mercado de valores. Estaban obteniendo demasiados beneficios con los préstamos y la especulación bursátil como para preocuparse. El futuro se arreglaría solo. Además, muchos bancos no formaban parte del sistema de la Reserva Federal. Estas instituciones financieras empeoraron las cosas al tener reservas insuficientes. Desgraciadamente, la Reserva Federal no mejoró la situación al reducir los límites de las reservas de efectivo que los bancos debían mantener[5].

La regulación inadecuada y las prácticas arriesgadas de inversión contribuyeron a la gravedad de la recesión económica. Estas responsabilidades contribuyeron al colapso de la confianza en el sector bancario, forzando una reacción en cadena de caos económico. Las enseñanzas extraídas de estas deficiencias siguen inspirando la regulación bancaria y la gestión de las crisis financieras en la modernidad, lo que subraya la pertinencia duradera del análisis histórico de la Gran Depresión.

---

[5] Universidad Estatal de Florida en Jacksonville. (2023, 23 de diciembre). *La Gran Depresión y la respuesta del presidente Hoover*. Obtenido de fscj.pressbooks.pub: https://fscj.pressbooks.pub/modernushistory/chapter/brother-can-you-spare-a-dime-the-great-depression/.

El panorama económico real

La fantasía es siempre más entretenida que la realidad y ciega a la gente ante las señales de advertencia de un desastre inminente. Todo parecía maravilloso en Wall Street, pero las cosas eran muy diferentes en el corazón de Estados Unidos.

Se prestaba mucha atención a los mercados bursátiles y a los bancos, pero había otras señales que, aunque no siempre presagiaban directamente el desastre, sugerían que la economía estaba entrando en aguas tormentosas.

- Uso excesivo del crédito al consumo

El público recurría cada vez más al crédito al consumo para comprar. Esto ocurría antes del uso de las tarjetas de crédito y de los contratos de venta a plazos.

La compra a plazos era el principal medio para que los consumidores compraran ahora y pagaran después. Permitía adquirir a crédito artículos caros, como radios, automóviles y electrodomésticos, pagando en cuotas mensuales pequeñas y manejables. La disponibilidad del crédito a plazos hizo que estos bienes de consumo fueran más accesibles para un mayor número de personas, lo que aumentó el consumo y generó un crecimiento económico sustancial durante la década.

Sin embargo, había algunos inconvenientes. El crédito a plazos era concedido principalmente por minoristas y fabricantes. La discreción del vendedor determinaba a menudo la solvencia crediticia. Entonces, se desarrolló un problema muy común en la sociedad moderna: la dependencia del crédito generaba un aumento de la deuda y un descenso de los ahorros.

Aproximadamente el 75 % de la población consumidora gastaba la mayor parte de sus ingresos en comprar cosas que no necesitaba. El crédito al consumo pendiente por pagar creció hasta superar los 3 billones de dólares en 1929. Muchos hogares tenían deudas considerables cuando llegó el Viernes Negro[6].

---

[6] Angola Transparencia. (2023, 23 de diciembre). *Qué papel desempeñó el crédito en la década de 1920*. Obtenido de Angolatrasparemcy.blog: https://angolatransparency.blog/en/what-role-did-credit-play-in-the-1920s/.

El *boom* de la tierra en Florida

El *boom* inmobiliario de Florida fue un frenesí especulativo que se produjo en el estado de Florida, especialmente en el sur, durante principios y mediados de la década de 1920. No causó la Gran Depresión, pero se convirtió en uno de los ejemplos más emblemáticos de burbuja especulativa durante los locos años veinte. Supuso un rápido aumento de los precios del suelo impulsado por una combinación de factores.

- Especulación inmobiliaria: Especuladores, inversores y particulares se apresuraron a comprar terrenos en Florida, especialmente en zonas como Miami. Muchos creían que el clima y el potencial de desarrollo del estado lo convertían en un lugar privilegiado para la inversión inmobiliaria.
- Promoción y mercadeo: Los promotores y los agentes inmobiliarios emprendieron agresivas campañas de mercadeo para atraer compradores. A menudo utilizaban anuncios extravagantes y exageraban el potencial beneficio de las inversiones en terrenos.
- Ciudades en *boom* inmobiliario: Las ciudades de Florida experimentaron un rápido crecimiento demográfico, impulsado por la afluencia de personas atraídas por el floreciente mercado inmobiliario. Se construyeron nuevos hoteles, complejos turísticos e infraestructuras para acomodar a la creciente población y a un gran número de turistas.
- Aumento del precio del suelo: Los precios del suelo en Florida se dispararon hasta niveles insostenibles. Este entusiasmo especulativo provocó una burbuja en el valor del suelo.
- Especulación financiera: Al igual que en el mercado de valores, muchos inversores compraron terrenos a crédito, utilizando dinero prestado para financiar sus adquisiciones. Este apalancamiento amplificó el impacto del desplome final.

El *boom* inmobiliario de Florida alcanzó su punto álgido hacia 1925 y empezó a decaer. La rápida construcción de hoteles, complejos turísticos y otras infraestructuras superó la demanda y creó un considerable inventario de propiedades sin vender, lo que provocó la caída de los valores inmobiliarios. Cuando los precios del suelo empezaron a bajar, la confianza en el mercado disminuyó, lo que provocó ventas motivadas por el pánico y el desplome del valor del suelo[7].

El *boom* inmobiliario de Florida en los años veinte es un ejemplo clásico del exceso especulativo habitual en la economía estadounidense de los años veinte. Hubo algunas similitudes entre el *boom* inmobiliario de Florida y las condiciones económicas más generales que condujeron a la Gran Depresión:

- Manía especulativa: Tanto el *boom* inmobiliario de Florida como el *boom* bursátil de la década de 1920 se caracterizaron por la manía especulativa, en la que los inversores compraban activos con la expectativa de obtener beneficios rápidos y cuantiosos.
- Sistema financiero frágil: El uso excesivo del crédito y la compra con márgenes de garantía, tanto en el mercado inmobiliario como en el bursátil, hicieron que el sistema financiero fuera vulnerable a las crisis.
- Vulnerabilidades económicas: La desigualdad de ingresos, el exceso de producción en la agricultura y otros factores comunes en los años veinte contribuyeron a la recesión económica.

<u>Problemas en el campo</u>

El sector agrícola se enfrentó a una grave recesión que presagiaba las dificultades de la Gran Depresión.

Uno de los principales problemas era la sobreproducción. Durante la Primera Guerra Mundial, los agricultores estadounidenses habían aumentado su producción para satisfacer la demanda de la guerra. Los avances tecnológicos en la agricultura aumentaron el rendimiento de las cosechas, pero estas innovaciones generaron pronto una sobreproducción. La demanda de productos agrícolas se redujo drásticamente al finalizar la guerra, y los excedentes redujeron los precios de los cultivos y los ingresos agrícolas.

Durante y después de la Primera Guerra Mundial, muchos agricultores habían contraído grandes deudas para financiar la expansión y la compra de equipos. Al terminar la guerra, los ingresos brutos en efectivo de los agricultores disminuyeron considerablemente. En

---

[7] Colombo, J. (2012, 26 de junio). *La burbuja inmobiliaria de Florida en la década de 1920*. Extraído de hebubblebubble.com: https://www.thebubblebubble.com/florida-property-bubble/.

Minnesota, cayeron de 438 millones de dólares, en 1918, a 229 millones, en 1922. Las elevadas deudas y los bajos ingresos provocaron dificultades financieras generalizadas en los condados agrícolas. Sesenta de cada mil agricultores se vieron obligados a declararse en quiebra o perdieron sus propiedades. Entre 1922 y 1932, casi tres mil agricultores de Minnesota se declararon en quiebra[8].

La diversificación podría haber ayudado a aliviar la difícil situación, pero el sector agrícola estadounidense dependía en gran medida de pocos cultivos básicos, como el algodón y el trigo, lo que significaba que los agricultores eran susceptibles a cualquier fluctuación en el precio de un solo producto. La caída de los precios de los productos agrícolas continuó a lo largo de la década de 1920. Los agricultores eran incapaces de recuperar sus costos de producción, y muchos se vieron en situaciones desesperadas.

Las sequías y la legislación arancelaria se sumaron a los problemas de los agricultores estadounidenses. Al disminuir los ingresos agrícolas, las comunidades rurales sufrieron dificultades económicas. Los pueblos pequeños y las zonas rurales experimentaron una despoblación, ya que la gente se trasladó a las zonas urbanas en busca de mejores oportunidades económicas. Las políticas agrícolas del gobierno federal en la década de 1920 no abordaron eficazmente los retos a los que se enfrentaban los agricultores. La Ley McNary-Haugen Farm Relief Bill pretendía estabilizar los precios agrícolas, elevando el precio interno de varios cultivos, pero se enfrentó a la oposición política y nunca se aplicó totalmente.

En 1919, William Butler Yeats escribió su poema *The Second Coming*. Se trata de una obra apocalíptica que el poeta utiliza para comunicar su visión del caos que siguió a la Primera Guerra Mundial:

«Y qué áspera bestia, su hora llega al fin,
se arrastra hacia Belén para nacer»[9].

Es un comentario apropiado sobre los últimos días de los locos años veinte. Había todo tipo de señales de alarma en la economía y en la sociedad que no recibían la atención adecuada. Las políticas

---

[8] Cameron, L. A. (2022, 30 de junio). *Depresión agrícola 1920-1924*. Extraído de Mnopedia.org: https://www.mnopedia.org/agricultural-depression-1920-1934.

[9] Yeats, W. B. (2923, 23 de diciembre). *The Second Coming*. Obtenido de Poetry Foundation.org: https://www.poetryfoundation.org/poems/43290/the-second-coming.

gubernamentales y el estado de ánimo del público consumidor no tenían en cuenta que los buenos tiempos podían terminar y ser reemplazados por un horrible desplome de la economía. Todo parecía ir bien. La especulación, el uso excesivo del crédito y los problemas en el campo crearon un escenario aterrador que irrumpió en la sociedad estadounidense en el último año de la década de 1920. El peor de los tiempos estaba a punto de llegar.

Capítulo 2: La caída de Wall Street de 1929

En las bulliciosas calles, llenas de jazz, del Estados Unidos de los años veinte, una fuerza económica aparentemente imparable estaba en auge. La nación estaba en la cresta de una ola de prosperidad, impulsada por la industrialización, los avances tecnológicos y un nuevo sentimiento de optimismo consumista. Los locos años veinte fueron una época de crecimiento económico sin precedentes, consumo ostentoso y una inquebrantable convicción pública de que el futuro iba a ser aún mejor.

La ciudad de Nueva York personificaba el espíritu de la época. La *Rapsodia en azul*, de George Gershwin, compuesta en 1924, captaba el ritmo acelerado de la vida urbana y el ajetreado estilo de vida moderna en Estados Unidos. Nueva York se había convertido en el principal símbolo de los tiempos bulliciosos. Wall Street estaba en el corazón del distrito financiero y era un símbolo de la pujanza económica estadounidense. Allí se encontraba el mercado de valores, un lugar donde se hacían fortunas de papel de la noche a la mañana. Los precios de las acciones subían a cotas impresionantes, y los inversores clamaban por entrar en acción. Los particulares compraban con margen de garantía y esperaban que el dinero prestado aumentara su riqueza. El mercado de valores parecía una gran fuente de dinero y todo parecía maravilloso. Sin embargo, bajo la ostentación y el *glamour* se escondía el comienzo de uno de los desastres financieros más devastadores de la historia de Estados Unidos: la caída de Wall Street de 1929.

La caída se produjo en pocos días. La bolsa se desplomó y el pánico cundió como pólvora entre los inversores. Las repercusiones de este desplome no solo se sintieron en Wall Street, sino en los hogares de todo el país, marcando el comienzo de un oscuro capítulo de la historia estadounidense.

El comienzo de la caída

El año 1929 comenzó con una tendencia optimista. Un nuevo presidente, Herbert H. Hoover, tomó posesión de su cargo el 4 de marzo de 1929. Su discurso inaugural fue positivo; mencionó que Estados Unidos era una tierra «rica en recursos, estimulante en su gloriosa belleza; llena de millones de hogares felices; bendecida con comodidad y oportunidades»[10].

Se avecinaban problemas

El optimista discurso inaugural levantó los ánimos, pero había cuestiones económicas que empezaban a convertirse en problemas importantes. Las supuestas buenas noticias ocultaban las malas. En los meses previos a la caída de Wall Street del 29 de octubre de 1929, había señales de advertencia y factores subyacentes en el mercado de valores que sugerían que se avecinaban cambios dramáticos.

La especulación, alentada por la compra con margen de garantía, hacía subir los precios de las acciones. Esas cifras no correspondían con los beneficios y los activos de las empresas. Los precios se estaban sobrevalorando peligrosamente, lo que indicaba que se avecinaba una corrección; nadie sabía lo drástica qué sería. Había tres señales especialmente inquietantes, algunas de las cuales ya se mencionaron en el capítulo anterior:

- Sobrevaloración: Los precios de las acciones habían seguido una prolongada trayectoria ascendente. En el verano de 1929, muchas acciones se cotizaban a precios significativamente inflados en comparación con sus beneficios y activos reales. Esta sobrevaloración hacía necesaria una corrección. En los días previos al desplome, aumentaron los signos de volatilidad del mercado y las grandes fluctuaciones de los precios de las acciones, lo que aumentó la ansiedad de los inversores.

---

[10] Gilderlehrman.org. (2023, 23 de diciembre). *Discurso inaugural de Herbert Hoover, 1929*. Obtenido de Gilderlehrman.org: https://www.gilderlehrman.org/history-resources/spotlight-primary-source/herbert-hoovers-inaugural-address-1929.

- Inversión imprudente de los consumidores: La predilección por jugar a la bolsa estaba fuera de control, y el dinero que debía ir al comercio y a la industria estaba financiando préstamos. Algunos bancos dependían en gran medida del mercado de valores, y su exposición a las pérdidas bursátiles suscitó preocupación sobre la estabilidad del sistema bancario. Muchos estadounidenses habían acumulado deudas grandes debido a la compra a plazos generalizada de bienes de consumo. El aumento de los niveles de deuda de los consumidores significaba que la gente tenía menos renta disponible para invertir en el mercado de valores[11].
- Descenso de la producción industrial: La actividad manufacturera había comenzado a disminuir en los meses previos a la caída. La producción de automóviles, la joya de la corona de la economía estadounidense, cayó de 660.000 unidades, en marzo, a 319.000, en octubre. Estos eran indicadores de que la economía real no era tan fuerte como sugerían las cotizaciones bursátiles, y generaron inquietud sobre los beneficios empresariales[12].

Todo parecía conducir a una gran calamidad.

Las advertencias fueron ignoradas

Algunos economistas y analistas financieros advirtieron de que el mercado bursátil estaba sobrevalorado y debía sufrir una corrección. Señalaban la disparidad entre los precios de las acciones y los beneficios reales de las empresas y el valor de sus activos. El economista Rober Babson creía que los precios de las acciones estaban significativamente inflados en comparación con las predicciones de dividendos futuros. Su advertencia a la National Business Conference, en septiembre de 1929, fue clarividente:

---

[11] Richardson, G. (2013, septiembre). *¿Crisis bancaria y la Reserva Federal como prestamista de última instancia durante la Gran Depresión?* Obtenido del National Bureau of Economic Research: https://www.nber.org/reporter/2013number3/banking-crises-and-federal-reserve-lender-last-resort-during-great-depression.

[12] Au, T. (2015, 21 de enero). *¿Fue la caída bursátil de 1929 causa o resultado de la Gran Depresión?* Extraído de History.stackexchange.com: https://history.stackexchange.com/questions/19038/was-the-stock-market-crash-of-1929-a-cause-or-result-of-the-great-depression.

«Tarde o temprano se avecina un desplome que afectará a los principales valores y provocará un descenso de 60 a 80 puntos en el barómetro Dow-Jones. Algún día llegará el momento en que el mercado comience a desplomarse, los vendedores superarán a los compradores y los beneficios de los créditos comenzarán a desaparecer. Entonces, se producirá inmediatamente una estampida para salvar los beneficios que aún existan»[13].

Como Casandra en la mitología griega, Babson fue ignorado. Otras advertencias fueron a menudo pasadas por alto o desestimadas.

Muchos inversores se dejaron llevar por el frenesí especulativo y creyeron que el mercado seguiría subiendo. Esta «exuberancia irracional» llevó a muchos inversores a creer que los precios de las acciones solo podían subir más. El miedo a perder ganancias potenciales contribuyó a una mentalidad de rebaño, en la que los inversores seguían a la multitud e ignoraban todas las advertencias del desastre financiero. En retrospectiva, está claro que las advertencias fueron proféticas y que, en efecto, había problemas fundamentales en la economía y el mercado bursátil. Sin embargo, la combinación de optimismo, creencia en el crecimiento perpetuo, regulación limitada y mentalidad de rebaño de los inversores, los llevó a ignorar o restar importancia a las advertencias. Esto contribuyó a la posterior gravedad de la caída de Wall Street y a la Gran Depresión que le siguió.

El discurso inaugural de Herbert Hoover reflejó la ingenua confianza del público. «No temo por el futuro de nuestro país. Está lleno de esperanza»[14]. Eso lo dijo en marzo. Los acontecimientos de octubre cambiaron radicalmente las cosas.

Los días negros

Solo hicieron falta seis días de octubre para dar vuelta al mundo financiero. El 24 de octubre de 1929, el pánico provocó una fuerte caída de las cotizaciones bursátiles. La culminación de los acontecimientos que se produjo el Martes Negro (29 de octubre de 1929) condujo a un desplome catastrófico que generó importantes pérdidas financieras y, a su vez, creó la Gran Depresión.

---

[13] Roos, D. (2023, 27 de marzo). *Estas son las señales de advertencia que los inversores no vieron antes de la caída de 1929*. Extraído de History.com: https://www.history.com/news/1929-stock-market-crash-warning-signs.

[14] Gilderlehrman.org. (2023, 23 de diciembre). *Discurso inaugural de Herbert Hoover, 1929*.

Los días previos al Martes Negro, día de la infame caída bursátil de 1929, estuvieron marcados por una creciente volatilidad, la ansiedad de los inversores y un descenso significativo de las cotizaciones bursátiles.

24 de octubre de 1929-Jueves Negro

El 24 de octubre de 1929, Jueves Negro, fue el comienzo de la caída bursátil de 1929. El DJIA (Promedio Industrial Dow Jones, por sus siglas en inglés) cayó un 11 % ese día. El desplome se debió a factores como las complicaciones en el sector agrícola, el aumento de los intereses y la caída del gasto de los consumidores. La confianza de los inversores ya se había roto y la Bolsa de Nueva York era un caos, con una avalancha de órdenes de venta. El volumen de negociación fue elevado, con 12,9 millones de acciones negociadas[15].

El papel de los márgenes de garantía

Los márgenes de garantía desempeñaron un papel importante en la agitación del día.

Para comprender lo sucedido, es fundamental conocer los márgenes de garantía. Los precios de las acciones cayeron bruscamente durante el día, y muchos inversores se encontraron en una situación precaria. A medida que bajaba el valor de las acciones, se reducía el capital de sus cuentas adquiridas con márgenes. Cuando el capital de una cuenta de márgenes caía por debajo del nivel de mantenimiento, los agentes de bolsa emitían peticiones para aplicar las garantías a sus clientes. Estos requerimientos exigían que los inversores depositaran fondos adicionales o vendieran una parte de sus acciones para cubrir el déficit.

Los inversores que recibían peticiones de márgenes debían depositar más dinero o vender sus acciones para satisfacer las exigencias. Ante la incertidumbre generalizada y la caída de los precios, muchos inversores optaron por vender. Esto provocó nuevas caídas en el valor de las acciones, sobre todo porque los inversores recibían cada vez más peticiones de sus agentes de bolsa. El efecto de las peticiones de márgenes se hace notable cuando se comprende que, para el verano de 1929, se habían comprado aproximadamente trescientos millones de acciones con margen de garantía. El pánico comenzó a apoderarse del

---

[15] History.com. (2023, 16 de noviembre). *La caída de la bolsa de valores de 1929*. Extraído de History.com: https://www.history.com/topics/great-depression/1929-stock-market-crash

mercado[16].

A medida que caían los precios de las acciones, algunos inversores se enfrentaron a pérdidas sustanciales que superaban el valor de sus cuentas de margen. Esto significaba que incluso después de vender sus acciones para hacer frente a las demandas de margen, aún les quedaban deudas con sus corredores y se vieron obligados a vender aún más acciones. El enorme volumen de ventas desbordó el mercado, y la reacción en cadena de ventas forzadas contribuyó significativamente a la gravedad del desplome bursátil.

Aunque el día terminó con un breve repunte, el mercado estaba en problemas y los inversores estaban profundamente preocupados por sus inversiones. Los bancos comerciales intervinieron a medida que avanzaba el día, comprando acciones para restablecer la confianza de los inversores. El mercado cerró con un descenso del 2 %, que era una caída considerable, pero que podía absorberse. Era posible que las cosas volvieran a la normalidad en los próximos días[17].

<u>25 de octubre de 1929 - Viernes Negro</u>

Había cierto optimismo al salir el sol en Wall Street. El viernes fue otro día de ventas, pero abrió con un pequeño repunte. Desgraciadamente, continuó la presión vendedora, y el DJIA cayó un 6,3 %. El volumen de negociación fue de 9,2 millones de acciones. Algunos expresaron su esperanza de que los problemas fueran temporales, pero se intensificó el temor a que se produjeran más daños financieros.

El mundo financiero respiró aliviado cuando el viernes sonó por fin la campana de cierre y cesaron las operaciones de pánico. La bolsa cerraba el fin de semana. Los inversores tendrían cuarenta y ocho horas para reflexionar sobre lo sucedido en los dos días anteriores. Podrían decidir qué hacer con su dinero cuando volvieran a abrirse los mercados.

Financieros y banqueros estaban preocupados por la dirección que estaba tomando el mercado y ese fin de semana planearon cómo estabilizarlo. Hubo discusiones y negociaciones entre bastidores. Los

---

[16] Amadeo, K. (2021, 27 de enero). *Jueves Negro de 1929, qué ocurrió y qué lo provocó.* Obtenido de The balance: https://www.thebalancemoney.com/black-thursday-1929-what-happened-and-what-caused-it-3305817.

[17] Amadeo, K. (2021, 27 de enero). *Jueves Negro de 1929, lo que ocurrió y lo que lo provocó.*

hombres con dinero intentaron restablecer la confianza en el sistema y evitar un colapso total del mercado. No eran los únicos que hacían planes para los días siguientes.

La venta al descubierto

Las compras con márgenes de garantía no eran la única herramienta de Wall Street para ganar dinero. Aún hoy en día, hay otra técnica, conocida como venta al descubierto, que desempeñó un papel importante la semana siguiente al Jueves Negro.

Las ventas al descubierto son un medio por el cual un inversor se aprovecha de un mercado descendente. El inversor toma prestadas acciones de un corredor y vende los títulos en el mercado abierto, esperando que el precio de las acciones baje en un futuro próximo. Una vez que el precio baja, el vendedor recompra las acciones al precio más bajo y obtiene un beneficio, que es la diferencia entre el precio de venta original y el precio de recompra, más bajo.

Para ilustrar lo que esto significa, suponga que un inversor cree que el precio de las acciones de la empresa A bajará. El inversor pide prestadas cien acciones de la empresa A a un agente de bolsa y las vende inmediatamente, por 50 $ cada una, obteniendo 5.000 $. A continuación, el inversor espera a que baje el precio de las acciones. Suponga que las acciones de la empresa A bajan a 40 $ cada una. Entonces, el inversor compra cien acciones al precio más bajo, gastando 4.000 $. El inversor devuelve al corredor las acciones que tomó prestadas. La diferencia entre los 5.000 $ iniciales que obtuvo por la venta de las acciones y los 4.000 $ de la recompra es el beneficio que obtiene el inversor, menos las comisiones. La magnitud de ese beneficio depende de la caída del precio de la acción.

La actividad del mercado del Jueves Negro y el Viernes Negro expuso una enorme oportunidad para las personas que estaban dispuestas a asumir el riesgo de las ventas al descubierto. Les convenía que el mercado volviera a desplomarse.

28 de octubre de 1929 - Lunes Negro

El lunes fue un día de ajuste de cuentas para muchos inversores. Hubo peticiones de márgenes, pero lo que realmente agravó el problema fue la actividad de ventas al descubierto. El pánico general prevaleció. Todos los esfuerzos por remontar las cotizaciones bursátiles fueron en vano. El DJIA cayó casi un 13 % en una sesión de negociación intensa. La psicología desempeña un papel en la especulación financiera, y el estado de ánimo de los inversores en 1929 era de puro pánico. El mercado estaba cayendo y todos se apresuraron a encontrar la manera de reducir sus pérdidas. Estaban dados todos los ingredientes para un frenesí de ventas que no iba a desaparecer pronto. Wall Street estaba condenado[18].

29 de octubre de 1929 - Día del Armagedón

El Martes Negro, 29 de octubre de 1929, es uno de los días más tristemente célebres de la historia financiera, y suele citarse como el día en que la caída de Wall Street de 1929 alcanzó su clímax catastrófico. Ese día, el mercado de valores experimentó un colapso devastador que marcó el comienzo de la Gran Depresión.

Cuando la bolsa abrió el Martes Negro, ya había gran aprensión entre los inversores. La presión vendedora se intensificó inmediatamente cuando los inversores se apresuraron a vender sus acciones. Una ola masiva de ventas envolvió el mercado. Los inversores, grandes y pequeños, trataron de liquidar sus tenencias para evitar mayores pérdidas. El volumen de negociación no tuvo precedentes, con la asombrosa cifra de dieciséis millones de acciones que cambiaron de manos durante el día. Los teletipos se retrasaron porque las máquinas no podían manejar el volumen de operaciones. Las pérdidas financieras fueron asombrosas. Se perdieron fortunas y miles de inversores quedaron financieramente destruidos. Los retrasos creados por el caos no hicieron sino agravar el problema[19].

Los precios de las acciones se desplomaron a un ritmo alarmante a medida que las peticiones de márgenes y las ventas al descubierto golpeaban los valores. El Martes Negro, el DJIA experimentó una caída sin precedentes, de aproximadamente el 12 %. Y este día fue solo el principio de los problemas. El mercado de valores tocó fondo el 8 de julio de 1932. No volvió a alcanzar las altas cifras registradas el 3 de septiembre de 1929 hasta el 23 de noviembre de 1954[20].

---

[18] Kenton, W. (2023, 16 de marzo). *La caída bursátil de 1929: Definición, causas, efectos.* Extraído de Investopedia.com: https://www.investopedia.com/terms/s/stock-market-crash-1929.asp.

[19] History.com. (2023, 16 de noviembre). *La caída de la bolsa de valores de 1929.*

[20] Amadeo, K. (2021, 4 de marzo). *El Martes Negro, sus causas y cómo desencadenó la depresión.* Obtenido de The balance: https://www.thebalancemoney.com/black-tuesday-definition-cause-kickoff-to-depression-3305819.

La multitud frente a la Bolsa de Nueva York el 29 de octubre de 1929[i]

La codicia es la culpable a la que se suele acusar de la Gran Depresión de 1929. Las expectativas poco realistas permiten comprender mejor el estado de ánimo de los inversores antes del colapso. La gente creía que la prosperidad económica era un hecho y que las cosas solo mejorarían. Suponían que comprar con margen de garantía les crearía una riqueza extraordinaria, y esa creencia les permitía asumir riesgos que normalmente no habrían tomado. La esperanza de que la vida mejoraría siempre impulsó a los pequeños inversores a cometer grandes errores.

A menudo se considera que el Martes Negro fue la culminación de una burbuja especulativa que llevaba años gestándose. La caída tuvo consecuencias económicas y sociales de gran alcance, ya que marcó el comienzo de una época de intenso sufrimiento y de un prolongado periodo de dificultades económicas que afectó profundamente a Estados Unidos y al mundo. La caída de 1929 sigue siendo un momento crucial de la historia financiera y sirve de advertencia sobre los peligros de la especulación descontrolada y la importancia de la regulación financiera.

Lisboa, la capital de Portugal, fue sacudida por un terremoto el 1 de noviembre de 1755. El suceso fue horrible, pero los sobrevivientes que buscaron la seguridad de los muelles del puerto miraron hacia las aguas y vieron que algo más terrible empezaba a suceder. Un maremoto de proporciones épicas se formó frente a la costa y golpeó la ciudad naufragada una hora después del terremoto. El oleaje fue peor que el terremoto.

Los agentes de bolsa y los inversores se sacudieron por fin el polvo de la destrucción causada por el Martes Negro. Sin embargo, el final de la jornada no significaba que la situación financiera de Estados Unidos estuviera a salvo. Un tsunami económico de proporciones históricas se estaba formando y pronto se estrellaría contra Estados Unidos. Era la Gran Depresión.

Capítulo 3: El sistema bancario estadounidense al borde del abismo

En los años previos al infame Martes Negro del 29 de octubre de 1929, el sistema bancario estadounidense parecía financieramente fuerte. Sin embargo, la fachada de solidez financiera ocultaba vulnerabilidades y riesgos que, en última instancia, contribuyeron a la gravedad de la Gran Depresión. Para apreciar mejor lo que sucedió cuando se produjo la caída, es esencial ahondar en el panorama financiero de los años veinte y examinar los factores que configuraron la aparente fortaleza de los bancos.

Aumento de los activos y diversificación

En la década de 1920, los activos bancarios totales crecieron significativamente y muchos bancos disfrutaron de aumentos sustanciales en depósitos y préstamos. Esto se debió al auge de la economía, impulsado por factores como la industrialización, el aumento del gasto de los consumidores y el incremento de la inversión. En 1920, el total de depósitos bancarios en Estados Unidos ascendía aproximadamente a 42.000 millones de dólares, y en 1929 esta cifra se había disparado hasta casi 58.000 millones.

Los bancos estadounidenses diversificaron sus servicios en la década de 1920, ofreciendo no solo los servicios tradicionales de ahorro y préstamo, sino también el comercio de valores. Algunos de los bancos más grandes, como J. P. Morgan & Co., estaban muy implicados en la suscripción de acciones y bonos para clientes corporativos. Los bancos aumentaron sus comisiones y sus beneficios ampliando el número de servicios que prestaban.

En general, el público creía firmemente en la estabilidad del sistema bancario. La gente estaba convencida de que sus depósitos estaban seguros, y esta confianza hizo que aumentaran los depósitos individuales. La noción de «tan seguro como el dinero en el banco» estaba profundamente arraigada en la cultura estadounidense de la época. Lamentablemente, esta confianza estaba fuera de lugar. Detrás de la fachada había debilidades estructurales.

Principales conflictos

Los vínculos del sistema bancario estadounidense con el mercado de valores eran aterradores. Los banqueros veían en Wall Street una oportunidad para obtener importantes beneficios e ignoraban las medidas de seguridad. Los bancos estaban invirtiendo partes sustanciales de su capital en acciones. Además, estaban prestando dinero a sus clientes con fines bursátiles. Esto significa que los bancos estaban sobreexpuestos al movimiento del mercado de valores y a su alta volatilidad. Una caída brusca del DJIA tendría consecuencias importantes. Aun así, los directores ejecutivos, como Charles E. Mitchell, presidente del National City Bank, animaban a los inversores a comprar acciones[21].

Sobreapalancados y sobreextendidos

En un entorno bancario, el «sobreapalancamiento» es una situación en la que una institución financiera pide prestado o asume deudas excesivas en relación con sus fondos y capital propio. Gran parte de los activos o inversiones de un banco se financian con dinero prestado, en lugar de con su propio capital. Se pueden obtener ganancias significativas, pero también sufrir pérdidas dramáticas. El sobreapalancamiento hace que un banco sea vulnerable a condiciones adversas en el mercado o a acontecimientos inesperados. Es un negocio muy peligroso.

---

[21] Gary Richardson, A. K. (2023, 23 de diciembre). *La caída de la bolsa de valores de 1929.* Obtenido de Federal Reserve History: https://www.federalreservehistory.org/essays/stock-market-crash-of-1929.

Los bancos estadounidenses estaban muy involucrados en el mercado de valores. Estas instituciones financieras invirtieron partes sustanciales de su propio capital en acciones y concedieron préstamos a clientes para la compra de acciones. En el momento del desplome del mercado había una cantidad excesiva de préstamos bancarios que no podían liquidarse. Las reservas de muchos bancos no eran suficientes para cubrir sus obligaciones. Además, los bancos no estaban evaluando bien los riesgos crediticios de las personas. La gestión del riesgo es mucho más eficiente y sofisticada hoy que en la época de la Gran Depresión. Las instituciones financieras no mostraron la atención al detalle que requiere una gestión adecuada del riesgo y, en consecuencia, concedieron préstamos a inversores que no debían recibir financiación. Todo dependía de que el mercado de valores siguiera teniendo éxito[22].

Escasa supervisión reguladora

Antes de la caída de 1929, la supervisión reguladora de los bancos en Estados Unidos era limitada en comparación con el marco regulador vigente en la actualidad. La Reserva Federal, creada en 1913, existía, pero tenía un poder limitado para regular y supervisar el sector bancario.

La Ley de la Reserva Federal de 1913 se centraba principalmente en las funciones de política monetaria, como el control de la oferta monetaria y los tipos de interés. Tenía potestad para fijar los requisitos de reservas de los bancos miembros, pero carecía de autoridad reguladora sobre todos los bancos estadounidenses. Muchos bancos operaban con un grado de libertad que les permitía realizar inversiones arriesgadas y préstamos especulativos.

La regulación se llevaba a cabo principalmente a nivel estatal. Cada estado tenía su propio departamento o autoridad bancaria, responsable de constituir y supervisar a los bancos constituidos por el estado. Estos reguladores estatales tenían distintos grados de eficacia y recursos, lo que daba lugar a prácticas reguladoras incoherentes en los distintos estados.

No existía un sistema federal de seguro que protegiera los fondos de los depositantes en caso de que un banco quebrara. Si esto sucedía, los depositantes perdían todos sus ahorros. Esto fomentaba las retiradas masivas de depósitos, especialmente cuando el público empezó a perder confianza en el sistema bancario.

---

[22] McGee, S. (2021, 13 de mayo). *Cómo las quiebras bancarias contribuyeron a la Gran Depresión.*

La banca interestatal estaba restringida, ya que los bancos operaban principalmente dentro de sus propios estados. Esto limitaba el potencial de las grandes instituciones financieras nacionales, pero también limitaba la diversificación y distribuía los riesgos financieros entre las regiones.

En general, el marco regulador de los bancos en la década de 1920 estaba menos desarrollado y era menos eficaz para hacer frente a los riesgos sistémicos en comparación con la actualidad. Los requisitos de divulgación e información también eran menos exhaustivos que en la actualidad, lo que dificultaba a los reguladores y al público evaluar con precisión la salud financiera de los bancos.

Es importante señalar que, aunque el sistema bancario estadounidense parecía sólido, estas vulnerabilidades se hicieron dolorosamente evidentes cuando el mercado de valores se desplomó, el Martes Negro de 1929. Las debilidades y la falta de prácticas reguladoras sólidas hicieron que los bancos estadounidenses fueran susceptibles a la quiebra y al fenómeno que todo banquero teme: una corrida bancaria.

Una loca carrera en busca de efectivo

Una «corrida bancaria» se produce cuando un gran número de depositantes se apresura a retirar sus fondos de un banco en un periodo relativamente corto debido a la preocupación por la solvencia del banco o a la pérdida de confianza en la institución financiera. Una retirada masiva de fondos puede provocar una crisis de liquidez en la institución financiera, que puede no disponer de efectivo suficiente para satisfacer todas las peticiones de retirada. En última instancia, esto puede provocar la insolvencia o la quiebra del banco.

Las retiradas masivas de fondos de los bancos se habían producido en anteriores corridas financieras y recesiones económicas en Estados Unidos, a menudo desencadenadas por una combinación de factores.

- Las recesiones económicas y las crisis financieras erosionaron la confianza del público en la estabilidad de los bancos. Cuando la gente empezó a perder su empleo o fue testigo del declive de sus inversiones, se volvió más cauta sobre la seguridad de sus depósitos.

- A veces, rumores infundados o especulaciones sobre la salud financiera de un banco podían desatar el pánico. La gente oía rumores de una posible insolvencia o de problemas en un banco y rápidamente se producía una avalancha de depositantes que intentaban retirar su dinero.

- Durante estas corridas, varios bancos se veían afectados simultáneamente, lo que intensificaba la inestabilidad financiera general.
- La ausencia de un seguro federal de depósitos significaba que los depositantes no tenían garantizada la protección de sus ahorros. Si un banco quebraba, los depositantes se arriesgaban a perder todos sus depósitos por encima de los límites establecidos por los programas estatales de seguro de depósitos (que variaban según el estado).

Una creciente crisis de confianza

Los problemas de la banca estadounidense en los primeros meses de 1930 fueron una continuación de los retos que habían surgido tras la caída bursátil de 1929. Estos problemas persistieron e incluso se intensificaron durante los primeros meses del nuevo año, profundizando la crisis financiera.

El mercado bursátil siguió cayendo, causando más daños a los bancos. A medida que la Gran Depresión se agravaba, muchas empresas enfrentaban dificultades financieras y quebraban. El presidente Hoover intentó controlar el pánico ordenando a las agencias federales que aceleraran los proyectos de construcción y duplicando el gasto en obras públicas, lo que incluía la construcción de presas, edificios públicos y carreteras. Sus esfuerzos no lograron detener la recesión económica y, a medida que la economía se deterioraba, más empresas reducían su producción o se declaraban en quiebra.

El desempleo comenzó a aumentar y las dificultades económicas a las que se enfrentaban particulares y familias redujeron la capacidad para devolver los préstamos. Esto tuvo un impacto directo en los bancos, que a menudo tenían préstamos e intereses financieros en estas empresas. A medida que las empresas quebraban, los bancos sufrían pérdidas adicionales[23].

La angustia empezó a extenderse a medida que las familias se veían obligadas a utilizar sus ahorros para mantenerse a flote. La falta de un seguro de depósitos federal hacía que los depositantes no tuvieran

---

[23] Biblioteca y Museo Presidencial Herbert Hoover. (2023, 24 de diciembre). *La Gran Depresión*. Obtenido de Hoover.archives.gov: https://hoover.archives.gov/exhibits/great-depression.

garantizada la protección de sus ahorros. Los limitados programas de seguro de depósitos a nivel estatal ofrecían solo una cobertura parcial. En consecuencia, muchos depositantes corrían el riesgo de perder todos sus ahorros. La gente se apresuró a retirar sus fondos de los bancos débiles o vulnerables, provocando una fuga de las reservas de efectivo de muchos bancos y haciendo cada vez más difícil que pudieran satisfacer las demandas de retiros.

A pesar de todos estos problemas, había optimismo en que la economía iba a recuperarse. En la década de 1920 se habían producido tres contracciones económicas, que duraron alrededor de quince meses. Uno de los problemas a los que se enfrentaba el sistema bancario estadounidense era que, aunque ocho mil bancos comerciales pertenecían al Sistema de la Reserva Federal, casi el doble no eran miembros. Esos bancos fuera del sistema de reservas eran desastres potenciales. Iba a costar mucho movilizar las reservas de efectivo necesarias en caso de quiebras bancarias sistémicas.

<u>El primer zapato</u>

Caldwell and Company era un conglomerado bancario con sede en Nashville, Tennessee. Prestaba a sus clientes atractivos servicios financieros, que incluían seguros, corretaje y banca. Caldwell and Company estaba en expansión, pero la caída de la bolsa perjudicó a la empresa matriz. Caldwell tenía muchas inversiones en valores y perdió grandes cantidades de dinero. Los ejecutivos de la empresa sacaron dinero de los bancos que controlaban para cubrir las pérdidas, privando a las instituciones financieras locales de importantes reservas de efectivo.

La crisis estalló el 7 de noviembre de 1930, cuando una filial de Caldwell, el Bank of Tennessee, cerró. A esto le siguieron los días 12 y 17 de noviembre, cuando las filiales de Caldwell en Louisville, Kentucky, y Knoxville, Tennessee, cerraron sus puertas. Los bancos comerciales empezaron a suspender sus operaciones. Los bancos estaban interconectados, ya que muchos tenían préstamos o relaciones financieras entre sí, lo que hacía que la quiebra de una institución pudiera provocar un efecto dominó. La quiebra de un solo banco podía desencadenar inquietud sobre la estabilidad de otros bancos, provocando retiradas de depósitos y avalanchas.

Y eso fue lo que ocurrió. Los depositantes entraron en pánico y empezaron a retirar su dinero de otros bancos. Los bancos regionales empezaron a cerrar o suspender operaciones, y la emergencia empezó a extenderse más allá de las comunidades rurales.

El Bank of United States, uno de los mayores de Nueva York, cerró el 11 de diciembre de 1930. La crisis bancaria se extendió por todo el país, afectando al Sexto Distrito de la Reserva Federal y después al Octavo. Los préstamos disminuyeron y cientos de bancos quebraron. Los bancos de Chicago empezaron a sufrir en junio de 1931.

La multitud frente al Banco de Estados Unidos[a]

El pánico subsiguiente y la retirada de fondos por parte de los depositantes dejaron al descubierto la fragilidad de los bancos, lo que provocó una oleada de quiebras bancarias y una grave contracción de la oferta monetaria, agravando la catástrofe económica de la Gran Depresión[24].

Una crisis bancaria internacional

Las dificultades bancarias no se limitaron a Estados Unidos. Hubo problemas en el extranjero que repercutieron en Estados Unidos, como la crisis de Europa, que se produjo casi simultáneamente. El entorno económico mundial era precario debido a las secuelas de la Primera Guerra Mundial y sus consecuencias económicas, como las cuantiosas deudas de guerra contraídas por las naciones europeas con Estados Unidos. Las economías europeas luchaban por recuperarse y muchos países tenían problemas para pagar sus deudas.

---

[24] Richardson, G. (2023, 24 de diciembre). *Corridas bancarias de 1930-31*. Obtenido de Federal Reserve History: https://www.federalreservehistory.org/essays/banking-panics-1930-31.

En mayo de 1931, el Creditanstalt, un importante banco austriaco, se enfrentó a un grave problema y tuvo que ser rescatado. Este suceso conmocionó al sistema financiero internacional. Ese mismo año, Alemania sufrió una crisis bancaria cuando el Danat-Bank y el Landesbank der Rheinprovinz se hundieron en julio. Estas crisis minaron la confianza en los bancos europeos y contribuyeron a la crisis financiera general.

A medida que se deterioraban las condiciones económicas, se hicieron más frecuentes las retiradas masivas de fondos de los bancos en el extranjero. Cada vez más personas e instituciones se apresuraron a retirar sus depósitos de los bancos, temiendo perder sus ahorros si los bancos colapsaban. Esta retirada masiva de fondos supuso una presión adicional para los ya frágiles sistemas bancarios.

Problemas del patrón oro

Bajo el patrón oro, el banco central de un país ve limitada su capacidad de utilizar herramientas de política monetaria para responder a las crisis económicas. Dado que el valor de la moneda estaba vinculado a una cantidad fija de oro, los bancos centrales tenían que mantener ciertas reservas de oro. La rigidez del patrón oro, combinada con el compromiso de mantener un tipo de cambio fijo entre la moneda y una cantidad específica de oro, causó problemas durante la Gran Depresión. Las restricciones limitaron la capacidad de un país para expandir la oferta monetaria, bajar los tipos de interés o utilizar otras medidas para estimular la economía durante la Gran Depresión. El patrón oro también promovía la estabilidad de los tipos de cambio a expensas de la fortaleza de la economía nacional. Cuando un país experimentaba dificultades financieras, no podía devaluar su moneda para hacer más competitivas sus exportaciones o reducir la carga de la deuda.

Para hacer frente a estos problemas, varios países, entre ellos el Reino Unido y otras naciones europeas, tomaron la difícil decisión de abandonar el patrón oro en 1931. Esta decisión estuvo motivada por la necesidad de aplicar políticas monetarias expansivas para combatir la crisis económica. Sin embargo, el abandono del patrón oro también contribuyó a una pérdida de confianza en las monedas, ya que indicaba que la estabilidad de este valor de cambio se había visto comprometida.

La crisis bancaria provocó deflación, ya que los negocios y el público empezaron a acumular efectivo, privando a los bancos del capital necesario para constituir reservas o financiar préstamos. El consumo disminuyó y, con el descenso de la demanda, aumentó el desempleo.

En resumen, los años 1930 y 1931 supusieron una continuación de los problemas bancarios surgidos tras la caída bursátil de 1929. Las quiebras bancarias, el pánico de los depositantes, la falta de seguros de depósitos y los problemas económicos generales asociados a la Gran Depresión, contribuyeron a la agitación del sistema bancario estadounidense. Estos problemas persistieron y empeoraron en los años siguientes.

Capítulo 4: El *Dust Bowl* y los problemas agrícolas

American Gothic, pintado por Grant Wood, es un cuadro emblemático de la Gran Depresión. El hombre y la mujer representados en la obra representan los valores y la resistencia de la agricultura estadounidense. Los habitantes de las zonas rurales de Estados Unidos necesitaron todo el coraje y la determinación que pudieron reunir durante la Gran Depresión. Los agricultores estadounidenses se vieron sometidos a una dura prueba por los trastornos económicos de aquella época.

<u>La granja</u>

A principios de la década de 1930, la agricultura estadounidense estaba en crisis. La Gran Depresión se había cobrado un alto precio en las zonas rurales del país, donde la agricultura era una forma de vida para muchos. Según el censo de distribución de 1930, casi sesenta y cinco millones de estadounidenses vivían en pequeñas zonas urbanas de menos de diez mil habitantes y en campos abiertos. Esta población rural dependía en gran medida de la agricultura para su subsistencia, y las dificultades económicas de la Gran Depresión les afectaron duramente. La caída de los precios agrícolas, las sequías y la erosión del suelo hicieron casi imposible que los agricultores pudieran ganarse la vida. Miles de agricultores se vieron abocados a la quiebra y la ejecución hipotecaria. Estas dificultades tuvieron consecuencias de gran impacto para las zonas rurales y para el resto del país.

Precios de los productos básicos

La salud financiera de una zona rural depende de los precios de los productos básicos. El precio de venta de una cosecha determina si un agricultor tiene éxito o se enfrenta a una posible bancarrota. Los agricultores estadounidenses disfrutaron de una prosperidad sin precedentes durante la Primera Guerra Mundial, cuando los ejércitos dependían en gran medida de los alimentos que ellos producían. Los precios eran relativamente altos después de la guerra, ya que la demanda europea de cultivos estadounidenses era elevada. A los años de bonanza, siguieron tiempos de vacas flacas, en los que los excedentes provocaron un descenso en los precios de los productos[25].

Algunas zonas agrícolas carecían de diversificación de cultivos, por lo que el rendimiento en el mercado de un solo producto básico era central para la prosperidad. Varios productos agrícolas esenciales sufrieron graves bajas de precios durante este periodo.

Los precios del trigo cayeron drásticamente durante los primeros años de la Gran Depresión. El exceso de producción provocó un excedente de trigo y una fuerte caída de los precios. Muchos cultivadores necesitaron ayuda para cubrir sus costos de producción. Los precios del maíz también se vieron gravemente afectados por la Depresión. El maíz se enfrentó a problemas de sobreproducción y los agricultores tuvieron que hacer frente a precios bajos, que les dificultaban llegar a fin de mes.

El dominio de un solo producto en una región podía afectar gravemente el bienestar de miles de personas. El Sur era especialmente vulnerable a los caprichos del mercado de materias primas, ya que el tabaco y el algodón eran los pilares de la economía. La cosecha de algodón estadounidense produjo 1.500 millones de dólares en 1929, que se redujeron a 465 millones en 1932. Los ingresos de la cosecha de tabaco de 1932 fueron solo un tercio de los obtenidos en 1929[26].

---

[25] Encylcopedia.com. (2023, 24 de diciembre). *Ayuda a la agricultura 1929-1941*. Obtenido de Encyclopedia.com: https://www.encyclopedia.com/education/news-and-education-magazines/farm-relief-1929-1941.

[26] Encylcopedia.com. (2023, 24 de diciembre). *La Gran Depresión en el Sur*. Extraído de Encyclopedia.com: https://www.encyclopedia.com/economics/encyclopedias-almanacs-transcripts-and-maps/south-great-depression.

Financiación agrícola

En 1930, la agricultura en Estados Unidos se financió mediante una combinación de estrategias y fuentes, pero fue una época difícil para muchos agricultores debido a las dificultades económicas de la Gran Depresión.

Muchos agricultores dependían de sus propios ahorros, activos e ingresos de sus explotaciones para financiar sus operaciones. Esto incluía utilizar los beneficios de las cosechas de años anteriores para cubrir los gastos corrientes y las inversiones en semillas, equipos y mano de obra. Se buscaban préstamos bancarios para productos esenciales, como fertilizantes, semillas y maquinaria. La Ley Federal de Préstamos Agrícolas de 1916 estableció un sistema federal de bancos de tierras, que proporcionaba a los agricultores préstamos a largo plazo y con bajo interés. Estos bancos formaban parte del Sistema de Crédito Agrícola, y su objetivo era hacer el crédito más accesible a los prestatarios agrícolas. Los agricultores utilizaban estos préstamos para comprar tierras, implementar mejoras agrícolas y refinanciar deudas. Los agricultores arrendatarios no eran propietarios de sus tierras. Estas personas, junto con los aparceros, dependían en gran medida del éxito financiero de la cosecha para mantenerse solventes.

La garantía del préstamo era la futura cosecha o la tierra que poseía el agricultor. El desplome de los precios de los productos básicos hizo que a los agricultores les resultara cada vez más difícil devolver sus préstamos. Esto aumentó la miseria general de los habitantes de las zonas rurales.

El auge de las ejecuciones hipotecarias

La cantidad de ejecuciones hipotecarias de granjas en Estados Unidos entre los años 1930 y 1932 es angustiosamente grande. Hubo una oleada de ejecuciones hipotecarias que afectó a los agricultores de todo el país. Muchos de ellos fueron incapaces de hacer frente a los pagos de sus préstamos. La crisis bancaria de principios de los años 30 provocó el cierre de muchos bancos. Con los bancos quebrados, los agricultores perdieron el acceso a créditos, lo que les dificultó aún más obtener el dinero necesario para continuar sus operaciones o pagar sus deudas.

Las ejecuciones hipotecarias se convirtieron en una rutina. Cientos de miles de agricultores perdieron los títulos de propiedad de tierras que habían pertenecido a sus familias durante generaciones. El problema había comenzado en la década de 1920, pero hizo metástasis durante los primeros días de la Gran Depresión. La tasa media de ejecuciones hipotecarias en las granjas estadounidenses entre 1913 y 1920 fue de 3,2 por cada 1.000 granjas. Esta cifra creció hasta 17,4 por cada 1.000 granjas en 1926. 1933 fue un año catastrófico, la cifra alcanzó 38,8 por cada 1.000 granjas y más de 200.000 granjas fueron embargadas[27].

Los estados del sur fueron de los más afectados. Lo ocurrido en un condado tabacalero de Carolina del Norte es un ejemplo significativo de lo sucedido. En esta zona del estado se produjeron 3.500 ejecuciones hipotecarias en las 5.280 granjas del condado[28].

Se celebraron subastas públicas para vender las propiedades embargadas. Estas dieron lugar a las «subastas por centavos». Los agricultores que acudían a las subastas hacían ofertas increíblemente bajas por las tierras, y pocos se atrevían a pujar más alto.

Los agricultores protestaron bloqueando las ventas de las ejecuciones hipotecarias. La ira y la frustración eran las principales emociones de la agricultura estadounidense, y el medio ambiente estaba a punto de empeorar las cosas.

El *Dust Bowl*

El *Dust Bowl* fue un periodo de graves problemas medioambientales y agrícolas que se produjo en Estados Unidos durante la década de 1930. En la región de las Grandes Llanuras del país se produjeron devastadoras tormentas de polvo, erosión del suelo y fracasos agrícolas. Este periodo sigue siendo uno de los desastres medioambientales más importantes de la historia de Estados Unidos.

Las tormentas de polvo más intensas se produjeron entre 1931 y 1939. Las zonas afectadas incluyeron partes de los estados de Oklahoma, Texas, Kansas, Colorado, Nuevo México, Nebraska, Dakota del Sur y Dakota del Norte. También se registraron estragos en Arkansas, Misuri y Iowa. Grandes tormentas de polvo, a veces llamadas «ventiscas negras», abrumaron la tierra. Enormes nubes de finas partículas de tierra taparon el sol y viajaron por cientos de kilómetros.

---

[27] Encylcopedia.com. (2023, 24 de diciembre). *Ejecuciones hipotecarias en granjas*. Extraído de Encyclopedia.com: https://www.encyclopedia.com/economics/encyclopedias-almanacs-transcripts-and-maps/farm-foreclosures.

[28] Encylcopedia.com. (2023, 24 de diciembre). *La Gran Depresión en el Sur*.

Estas tormentas de polvo fueron desastrosas para la agricultura, la salud y el medio ambiente. El *Dust Bowl* provocó la pérdida generalizada de cosechas, la muerte del ganado y dificultades económicas para los agricultores y las comunidades. Muchos agricultores perdieron sus granjas y sus hogares, lo que les obligó a abandonar la zona donde habían crecido y buscar mejores oportunidades en otros lugares.

Causas de la catástrofe

Las Grandes Llanuras son un entorno naturalmente seco en el que no llueve mucho. La década de 1930 fue excepcionalmente seca. Entre 1932 y 1939, se registró un descenso dramático de las precipitaciones en la zona. Como ya se ha mencionado, las Grandes Llanuras experimentaron un número inusual de tormentas de polvo, con catorce casos notables en 1932 y treinta y ocho en 1938. La fuerza de estas tormentas era suficiente para arrastrar tierra vegetal a miles de kilómetros de distancia. Eso ocurrió el 11 de mayo de 1934. Una tormenta de polvo de tres kilómetros de altura se desplazó hacia la costa este, bloqueando la vista del edificio del Capitolio de Estados Unidos. La peor tormenta llegó el 14 de abril de 1935, cuando un imponente muro de arena y polvo procedente de Oklahoma sopló hacia el este y arrastró millones de toneladas de tierra vegetal[29].

Maquinaria enterrada durante el *Dust Bowl*

---

[29] Ciencia.Smith. (2023, 24 de diciembre). *El Dust Bowl (c.1930-1940)*. Obtenido de Science.Smith.edu: https://www.science.smith.edu/climatelit/the-dust-bowl/.

Un factor importante que condujo a la calamidad fueron las prácticas agrícolas de la época. Muchos agricultores de las Grandes Llanuras eran animados a practicar técnicas agrícolas que no tenían en cuenta la conservación del suelo. La región tenía vastas extensiones de praderas que se araban para cultivar, lo que exponía el suelo a la erosión del viento y el agua. Los fuertes vientos podían arrastrar la capa superior del suelo, porque no había pastos de pradera que lo mantuvieran en su sitio[30].

Los agricultores araban profundamente y no rotaban sus cultivos, dejando el suelo expuesto a la erosión. Tampoco tenían acceso a las técnicas y herramientas modernas de conservación del suelo. La agricultura en curvas de nivel, la rotación de cultivos y la construcción de terrazas, que mitigan la erosión del suelo, no era prácticas muy difundidas. El pastoreo excesivo de ganado, especialmente vacuno y ovino, contribuyó al agotamiento de la vegetación y a la exposición del suelo. Esto hizo que la tierra estuviera más expuesta a la erosión durante la sequía y los fuertes vientos.

Las dificultades económicas presionaron mucho a los agricultores para que produjeran más cultivos. A menudo, intentaron cultivar tierras que no eran aptas para la agricultura a gran escala, lo que empeoró la erosión del suelo.

Las zonas más afectadas

Oklahoma fue el epicentro del *Dust Bowl*. Este estado experimentó algunas de las tormentas de polvo y erosión del suelo más graves. Los «*okies*», término utilizado para describir a los emigrantes de Oklahoma y estados vecinos desplazados por el *Dust Bowl*, se convirtieron en uno de los grupos de personas más reconocibles después de ser afectados por el desastre. Texas también experimentó importantes tormentas de polvo y condiciones de sequía durante el *Dust Bowl*. Kansas también sufrió en gran medida la grave erosión del suelo y las tormentas de polvo.

---

[30] Editores, H. (2023, 24 de abril). *El Dust Bowl*. Extraído de History.com: https://www.history.com/topics/great-depression/dust-bowl.

Una madre y sus hijos viven en una chabola en Oklahoma[w]

El sureste de Colorado se vio afectado por las tormentas de polvo y la sequía. La mala gestión de la tierra y las condiciones climáticas adversas provocaron importantes pérdidas agrícolas. Partes del este y sureste de Nuevo México también se vieron dañadas por las tormentas de polvo y la sequía. La productividad agrícola disminuyó drásticamente en estas regiones.

Aunque Nebraska no se vio tan gravemente afectada como otros estados, también sufrió tormentas de polvo y sequía durante el *Dust Bowl*. Finalmente, los dos Dakotas sufrieron tormentas de polvo y erosión, aunque el impacto fue algo menos severo en comparación con estados más al sur[31].

La migración *okie*

El costo humano fue lo más dramático del *Dust Bowl* y de los fracasos de la agricultura. Los campesinos se dieron cuenta de que las posibilidades de cultivar eran escasas o nulas sin esa preciada capa de tierra vegetal. Muchos se fueron a buscar oportunidades en otros

---

[31] Cassidy, D. (2022, 6 de agosto). *Maravillas del tiempo: El Dust Bowl*. Extraído de KWWL.com: https://www.kwwl.com/weather/blog/weather-wonders-the-dust-bowl/article_5ad85530-079c-11ed-9e6d-77fc5127444e.html.

lugares. La migración *okie* fue quizá la peor tragedia de la Gran Depresión.

El *Dust Bowl* obligó a miles de familias de las Grandes Llanuras del sur a emprender una migración masiva. El Panhandle de Oklahoma, incluidos los condados de Cimarrón, Texas y Beaver, fue una de las zonas más gravemente afectadas por el *Dust Bowl*. El Panhandle sufrió incesantes tormentas de polvo, sequías extremas y una grave erosión del suelo, lo que provocó el colapso de la agricultura.

Aunque es difícil determinar las cifras exactas, algunas estimaciones sugieren que entre 300.000 y 400.000 habitantes de Oklahoma abandonaron sus hogares. Se calcula que 250.000 se trasladaron a California entre 1935 y 1940, y que un tercio de ellos se asentó en el valle de San Joaquín[32].

El costo humano

La emigración de los habitantes de Oklahoma supuso grandes dificultades y retos para quienes se vieron obligados a abandonar sus hogares en busca de una vida mejor.

A menudo, las familias quedaban destrozadas, ya que algunos miembros se marchaban en busca de empleo a estados lejanos, mientras que otros se quedaban. La separación de los seres queridos causó tensión emocional y alteró la estructura familiar tradicional.

Los traslados forzosos también tuvieron consecuencias para la salud. Las duras condiciones de vida durante la migración, como el hacinamiento en campamentos improvisados, la exposición a los elementos y el saneamiento inadecuado, provocaron graves problemas de salud. Los problemas respiratorios y la «neumonía del polvo» eran comunes, debido a la exposición a las tormentas de polvo. La desnutrición y el acceso insuficiente a la atención sanitaria agravaron aún más los problemas de salud.

Los agricultores perdieron sus casas, granjas y posesiones debido a las ejecuciones hipotecarias de los bancos, lo que llevó a muchos a la indigencia. A los *okies* les costaba encontrar trabajo y, cuando lo hacían, solían ser empleos mal pagos y de gran intensidad. Muchos niños

---

[32] Wilhite, D. A. (2023, 24 de diciembre). *Enciclopedia de historia y cultura de Oklahoma: Dust Bowl*. Obtenido de Oklahoma Historical Society:
https://www.okhistory.org/publications/enc/entry.php?entry=DU011#:~:text=As%20a%20result%2C%20dust%20storms,Colorado%20and%20northeastern%20New%20Mexico.

tuvieron que interrumpir su escolarización porque sus familias se trasladaban en busca de trabajo. La falta de una educación estable tuvo consecuencias a largo plazo para sus perspectivas académicas y profesionales. La inestabilidad económica persistió durante años, y las familias tuvieron dificultades para recuperarse de las pérdidas financieras sufridas durante el *Dust Bowl*.

El clásico de John Steinbeck *Las uvas de la ira* describe gráficamente los prejuicios a los que se enfrentaron los *okies* en su búsqueda de estabilidad económica y social. Los migrantes *okies* sufrieron discriminación en sus nuevos destinos, sobre todo en California. Se les culpaba de ocupar puestos de trabajo y de agotar los recursos locales.

Los *okies* eran vistos a menudo como forasteros en sus nuevos destinos. Los migrantes tuvieron dificultades para integrarse en las nuevas comunidades debido a las diferencias culturales y los prejuicios. La ruptura de las redes sociales y los sistemas de apoyo aisló aún más a las personas y a las familias. La depresión, la ansiedad y la desesperanza eran problemas frecuentes que afectaban la salud mental de las personas.

Sin embargo, la migración también demostró la fortaleza y adaptabilidad de quienes soportaron esos días difíciles, dejando tras de sí un legado duradero de resistencia y perseverancia.

El gobierno no se quedó de brazos cruzados viendo cómo aumentaba el costo humano de la Gran Depresión; se buscaron soluciones desesperadas a los problemas. Desgraciadamente, algunas de las medidas eran obsoletas. Estados Unidos no había visto problemas de esa magnitud desde la guerra civil. Las formas tradicionales de resolver los problemas económicos no fueron suficientes para poner en pie al país. Era necesario innovar y probar nuevos métodos. Los cambios tenían que llegar cuanto antes.

Los estadounidenses han demostrado una y otra vez a lo largo de la historia que tienen una resistencia y una paciencia considerables, pero estas cualidades empiezan a agotarse cuando los malos tiempos se prolongan y se niegan a terminar. La Gran Depresión era un reto que había que afrontar y vencer rápidamente, antes de que cambios sociales inaceptables deformaran la nación estadounidense para siempre.

Capítulo 5: La respuesta del gobierno: Herbert Hoover

El gobierno intentó responder activamente a la crisis. Herbert Hoover era el presidente de Estados Unidos durante los días más oscuros de la Gran Depresión y tenía la enorme responsabilidad de devolver la situación a la normalidad. Hizo esfuerzos constantes para corregir los problemas y llevar alivio a quienes sufrían.

Los críticos acusaban a Herbert Hoover de no hacer lo suficiente y decían que era insensible a la difícil situación del pueblo. Eran acusaciones injustas; la historia ha demostrado que Hoover trabajó para mejorar las cosas.

Herbert Hoover*

Éxitos anteriores

Antes de convertirse en presidente, Hoover salvó cientos de miles de vidas. Tuvo una distinguida carrera en el servicio público, durante y después de la Primera Guerra Mundial. Destacó en la dirección y organización de esfuerzos de socorro a nivel nacional e internacional. Entre los programas y organizaciones de socorro más destacados en los que participó antes de su presidencia, figuran los siguientes:

- Esfuerzos de socorro para los estadounidenses desamparados: Miles de ciudadanos estadounidenses huyeron de la Europa continental al comienzo de la Primera Guerra Mundial y se refugiaron en el Reino Unido. Desgraciadamente, carecían de recursos para regresar a Estados Unidos. Hoover ayudó a organizar ayuda de emergencia que proporcionó refugio temporal, alimentos y asistencia financiera a los estadounidenses que se encontraban en tierra extranjera.

- Comisión de Socorro en Bélgica (CRB): Hoover desempeñó un papel importante en la organización de la Comisión de Socorro en Bélgica (CRB) durante la Primera Guerra Mundial. La CRB era una organización neutral, cuyo objetivo era proporcionar alimentos y socorro al pueblo belga, que sufría escasez de alimentos y hambruna debido a la guerra. El éxito de Hoover en esta empresa le granjeó la reputación de humanitario y hábil organizador.

- Administración Americana de Socorro (ARA): Hoover dirigió la ARA, creada en 1919, para proporcionar ayuda alimentaria y humanitaria a la Europa devastada por la guerra, especialmente tras la Primera Guerra Mundial y durante la hambruna rusa, que duró de 1921 a 1923. La ARA alimentó a casi once millones de rusos al día en diecinueve mil cocinas. El liderazgo de Hoover en este proyecto le valió el reconocimiento internacional y elogios por sus esfuerzos para aliviar el sufrimiento y ayudar a millones de personas.

El biógrafo de Hoover, George Nash, habló de los logros de Hoover y resumió el legado que el presidente dejó tras de sí:

«Hoover fue la vanguardia de una política que se asocia a Estados Unidos en los últimos cien años, a saber, que cuando se produce una tragedia humanitaria en el mundo, ya sea por la guerra o el hambre o la revolución o un tifón o un terremoto, los estadounidenses están allí para organizar el socorro»[33].

La experiencia previa de Hoover en labores de socorro configuró su imagen pública. Su trabajo en diversas organizaciones puso de manifiesto su capacidad para coordinar eficazmente operaciones de socorro a gran escala. El hombre estaba ciertamente cualificado para liderar los esfuerzos por ayudar a la gente atrapada en un desastre financiero.

Primeros esfuerzos en la Gran Depresión

En los primeros días de la Gran Depresión, Herbert Hoover tomó varias medidas para hacer frente a la crisis económica. Intentó aumentar la confianza en la economía pronunciando discursos y haciendo declaraciones públicas que hacían hincapié en la necesidad de ser optimistas y creer en la fortaleza de la economía estadounidense. Estaba convencido de que una actitud positiva ayudaría a estabilizar la situación.

Una respuesta inmediata a la Gran Depresión fue el Comité Presidencial de Emergencia para el Empleo (PECE). Fue organizado por Hoover en octubre de 1930 y se le encomendaron actividades destinadas a corregir la sombría situación económica. El objetivo del comité era el de impulsar esfuerzos proactivos, entre los que se incluían los siguientes:

- Promover las oportunidades de empleo: El comité trató de promover y ampliar las oportunidades de empleo para los trabajadores estadounidenses. Reconoció la necesidad de generar más puestos de trabajo en una época de dificultades económicas y de encontrar formas de estimular la actividad económica.

- Abordar el desempleo y las dificultades económicas: Con el aumento de las tasas de desempleo durante los primeros años de la Gran Depresión, el PECE pretendía aliviar las dificultades económicas, abordando el desempleo a nivel nacional y local. Animó a las comunidades locales a participar en proyectos para crear puestos de trabajo.

---

[33] Servicio de Parques Nacionales. (2023, 24 de diciembre). *El surgimiento del gran humanitario*. Extraído de NPS.gov: https://www.nps.gov/articles/emergence-of-the-great-humanitarian.htm.

- Estabilizar la economía: Otro objetivo del PECE era estabilizar la economía estadounidense. Pretendía restablecer la confianza en el sistema financiero y promover la estabilidad del entorno empresarial.
- Fomentar la cooperación voluntaria: El PECE fomentó la cooperación voluntaria entre el gobierno y las industrias para hacer frente a la creciente crisis de desempleo. Reunió a representantes de diversos sectores de la economía, incluidos líderes empresariales, sindicatos y funcionarios del gobierno, para colaborar en estrategias de lucha contra el desempleo.

El presidente estaba dispuesto a utilizar proyectos de obras públicas para hacer frente a la situación de desempleo. En diciembre de 1930, Hoover solicitó 100 millones de dólares al Congreso para sufragar un programa de obras públicas que incluía la construcción de carreteras, edificios públicos y mejoras en ríos y puertos. También recurrió a la persuasión moral para animar a los empresarios a mantener a sus empleados en sus puestos de trabajo[34].

<u>Hacer frente a la crisis financiera</u>

Hoover no solo promovió proyectos de obras públicas, también recortó los impuestos y declaró una moratoria en el pago de la deuda internacional. En enero de 1932 se creó la Reconstruction Finance Corporation (RFC) para ayudar a los bancos y empresas estadounidenses. En julio de 1932 se promulgó la Ley de Ayuda de Emergencia y Construcción, que ampliaba las facultades de préstamo de la RFC para incluir la financiación de obras públicas estatales y locales.

Hoover reconoció los problemas a los que se enfrentaban los agricultores, aprobando aumentos de las subvenciones agrícolas. Creó el Federal Home Loan Bank Board para apoyar las hipotecas. Aunque subió algunos impuestos para pagar los programas, se trataba de impuestos sobre el patrimonio e impuestos a las sociedades; también aumentó el tipo máximo del impuesto personal hasta el 63 %. Los ricos y las empresas estadounidenses debían pagar su parte justa en vez de pedirle a los demás que pagaran más[35].

---

[34] U-S-history.com. (2023, 24 de diciembre). Hoover's Early Relief Efforts. Obtenido de U-S-history.com: https://www.u-s-history.com/pages/h1533.html.

[35] Klein, C. (2023, 26 de septiembre). Before FDR, Herbert Hoover Tred His Own «New Deal». Obtenido de History.com: https://www.history.com/news/great-depression-herbert-hoover-new-

Los esfuerzos iniciales de Hoover para poner fin a la crisis fueron elogiados, pero la Gran Depresión fue algo más que una crisis financiera corriente. Cada año de la administración Hoover traía consigo una nueva emergencia y problemas a los que hacer frente. No cabe duda de que el presidente lo intentó. Sin embargo, hubo algunos fallos en su enfoque para corregir la situación que limitaron la eficacia de sus programas. Lo que comenzó como aprobación a sus intentos, se convirtió en una crítica despiadada y en la creencia generalizada de que Herbert Hoover no sabía qué hacer.

Un problema de percepción

La historia no ha sido amable con Herbert Hoover. Miembros de la administración Roosevelt promovieron la idea de que Hoover era insensible a la difícil situación del pueblo estadounidense. Sin embargo, hay pocas pruebas que apoyen la historia de un presidente insensible; probablemente se debió a una cuestión de percepción.

Hoover creía en la intervención limitada del gobierno. Pensaba que la economía se corregiría sola y que el gobierno no debía desempeñar un papel demasiado activo en los asuntos económicos. Otros pensaban lo mismo. El secretario del Tesoro, Andrew Mellon, también estaba convencido de que el gobierno no debía intervenir significativamente[36].

Los primeros éxitos de Hoover se centraron en persuadir a la gente para que asumiera un papel activo en la ayuda a sus conciudadanos. Los llamamientos al espíritu cívico habían salvado a millones de personas de la inanición durante y después de la Primera Guerra Mundial. En consecuencia, la administración de Hoover no puso en marcha de inmediato programas de ayuda directa para las personas y familias que sufrían el desempleo y la pobreza. El presidente creía que las organizaciones benéficas voluntarias y los esfuerzos locales de socorro podrían abordar adecuadamente el problema. Hoover animó a los individuos y a las comunidades a apoyar a las organizaciones benéficas y a los esfuerzos locales de socorro para ayudar a los necesitados. Sin embargo, estos esfuerzos fueron insuficientes para cubrir las necesidades.

---

deal.

[36] U-S-history.com. (2023, 24 de diciembre). Hoover's Early Relief Efforts. Obtenido de U-S-history.com: https://www.u-s-history.com/pages/h1533.html.

Hoover quería mantener un presupuesto federal equilibrado. Aunque la responsabilidad fiscal suele ser una política económica sensata, la insistencia en equilibrar el presupuesto durante una crisis financiera redujo el gasto público y aumentó los impuestos, lo que agravó aún más los problemas económicos. Hoover aumentó el gasto público e incrementó el gasto federal en un 48 % durante su presidencia (curiosamente, durante las elecciones presidenciales de 1932, Franklin Roosevelt lo acusó de gasto «imprudente y extravagante»).

Al principio, Hoover subestimó la profundidad y gravedad de la Gran Depresión. La consideró una recesión cíclica temporal y creyó que se corregiría sola. Este error de juicio inicial retrasó su respuesta a la crisis, permitiendo que empeorara.

Durante su presidencia, se produjo una grave crisis bancaria y financiera, con numerosas quiebras de bancos y el colapso del sistema financiero. Más de cinco mil bancos quebraron durante el mandato de Hoover, y la tasa de desempleo aumentó del 3 % al 25 %[37].

Para ser justos con Hoover, gran parte de lo que ocurrió a principios de la década de 1930 no tenía precedentes. La naturaleza global de la Gran Depresión provocó demasiados incendios que apagar, y los medios tradicionales para corregir la situación no funcionaron. De todas formas, es evidente que hubo áreas en las que los esfuerzos de Hoover fueron el remedio equivocado.

- Errores en relación con el desempleo

Hoover intentó frenar el desempleo, pero sus decisiones políticas pudieron ser mejores. Hizo un llamamiento a las empresas, los sindicatos y las comunidades locales para que tomaran medidas voluntarias para evitar los despidos y los recortes salariales. Esperaba que los empresarios y los trabajadores cooperaran para estabilizar el empleo y los salarios. Sin embargo, esos esfuerzos no fueron suficientes.

Abogó por un aumento de los proyectos de construcción y obras públicas, pero también confió más en los gobiernos locales y estatales para financiar y llevar a cabo estos esfuerzos. Su escala resultó limitada.[38]

---

[37] Klein, C. (2023, 26 de septiembre). Before FDR, Herbert Hoover Tred His Own «New Deal».

[38] Historia Digital. (2023, 24 de diciembre). *El presidente Hoover*. Obtenido de Digital History.uh.edu: https://www.digitalhistory.uh.edu/disp_textbook.cfm?smtID=2&psid=3436.

Dos errores significativos

Hay dos situaciones en las que la respuesta de Hoover ante una emergencia fue totalmente errónea. Una fue un error significativo en política financiera, y la otra fue un desastre de relaciones públicas.

La Ley Arancelaria Smoot-Hawley

La Ley Arancelaria Smoot-Hawley, conocida oficialmente como la Ley Arancelaria de 1930, fue promulgada por el presidente en junio de 1930. Aunque su intención principal era proteger a las industrias y a la agricultura estadounidense durante la Gran Depresión, fue una política desastrosa, que exacerbó los problemas económicos de la época y contribuyó a la gravedad de la Gran Depresión. El tiro salió mal.

La Ley Arancelaria Smoot-Hawley elevó sustancialmente los aranceles sobre muchos bienes importados, gravando con altos impuestos los productos extranjeros que entraban en Estados Unidos. El aumento de las barreras comerciales pretendía proteger a las industrias estadounidenses de la competencia extranjera, pero tuvo consecuencias negativas.

Los aranceles más altos provocaron un aumento de los precios de los productos importados, lo que, a su vez, elevó el costo de la vida de los consumidores estadounidenses. La reducción del poder adquisitivo de los consumidores dificultó aún más la recuperación económica. La Ley Arancelaria Smoot-Hawley provocó represalias por parte de otros países y muchos socios comerciales impusieron sus propios aranceles de represalia a los productos estadounidenses. Esta guerra comercial de ojo por ojo redujo aún más el comercio internacional y las exportaciones, perjudicando a las industrias estadounidenses que dependían de los mercados extranjeros[39].

El aumento de los aranceles redujo significativamente el comercio internacional, que ya estaba sufriendo debido a la recesión económica mundial. La reducción del comercio perjudicó las exportaciones estadounidenses y contribuyó al declive del sector manufacturero y el agrícola. También desplomó la confianza nacional e internacional en las políticas económicas estadounidenses. Las naciones extranjeras consideraron la Ley Arancelaria Smoot-Hawley como una medida

---

[39] Equipo, C. (2023, 24 de diciembre). *Ley Arancelaria Smoot-Hawley*. Extraído de Corporatefinancenstitute.com: https://corporatefinanceinstitute.com/resources/economics/smoot-hawley-tariff-act/.

proteccionista que obstaculizaba los esfuerzos de la recuperación económica mundial, y las empresas y los consumidores nacionales sintieron las consecuencias económicas negativas.

Aunque el arancel pretendía proteger la agricultura estadounidense, perjudicó a los agricultores. Las exportaciones agrícolas cayeron bruscamente debido a los aranceles de represalia impuestos por los socios comerciales, lo que provocó una caída en picada de los precios y una angustia generalizada en la ruralidad[40].

El arancel no ayudó tampoco a las industrias estadounidenses, sino que tuvo el efecto contrario, contribuyendo a la gravedad y al prolongamiento de la recesión económica. Es un ejemplo fundamental de las consecuencias imprevistas de las políticas comerciales proteccionistas en tiempos de crisis financieras.

La marcha del ejército bonificado

La marcha sobre Washington de los veteranos de la Primera Guerra Mundial, también conocida como la marcha del ejército bonificado, tuvo lugar en el verano de 1932. El impacto en la opinión pública fue extremo, y la imagen de Hoover no se recuperó.

El Congreso aprobó la Ley de Compensación Ajustada a la Guerra Mundial en 1924, que concedía primas a los veteranos de la Primera Guerra Mundial, como pago diferido por su servicio a Estados Unidos. Las primas no se pagaron hasta 1945. Sin embargo, a medida que se agravaba la Gran Depresión, muchos veteranos se enfrentaron a graves circunstancias económicas y comenzaron a exigir el pago anticipado de sus primas para obtener un alivio financiero inmediato. Miles de veteranos de la Primera Guerra Mundial empezaron a concentrarse en Washington, DC, en mayo de 1932, para presionar por el pago inmediato de esas primas. Establecieron campamentos improvisados cerca del Capitolio.

El ejército de las bonificaciones organizó protestas y marchas pacíficas en Washington, DC para llamar la atención sobre su causa. A medida que crecía el número de manifestantes, aumentaban las tensiones entre los veteranos y las autoridades. El presidente Herbert Hoover ordenó la evacuación del campamento principal del ejército bonificado ubicado en

---

[40] Theodore Phalan, D. Y. (2012, 29 de febrero). *La Ley Arancelaria Smoot-Hawley y la Gran Depresión*. Extraído de Fee.org: https://fee.org/articles/the-smoot-hawley-tariff-and-the-great-depression/.

el barrio de Anacostia, lo que provocó un enfrentamiento con la policía y el ejército estadounidense.

El Ejército, bajo el mando del general Douglas MacArthur, desalojó por la fuerza a los veteranos de su campamento en julio de 1932. Las tropas utilizaron bayonetas y gases lacrimógenos para desalojarlos, lo que provocó heridos y algunas muertes. El uso de la fuerza contra estos veteranos y sus familias le granjeó a Hoover una percepción pública negativa.

El incendio del barrio de Anacostia
https://commons.wikimedia.org/wiki/File:Evictbonusarmy.jpg

La forma en que el presidente Hoover gestionó la marcha del ejército bonificado tuvo un efecto perjudicial en su reputación. Muchos estadounidenses consideraron que su decisión de utilizar la fuerza militar contra los veteranos era de mano dura y poco comprensiva, lo que redujo aún más su apoyo durante la Gran Depresión.

Aunque los veteranos no lograron su objetivo inmediato de recibir el pago anticipado de sus bonos, el acontecimiento aumentó la presión sobre el gobierno federal para que proporcionara alivio a los veteranos y a la población en general. El Congreso aprobó finalmente la Ley de Pago de Compensación Ajustada en 1936, durante el primer mandato de Franklin Roosevelt, que autorizaba el pago anticipado de las primas.

El desalojo del ejército bonificado y la consiguiente publicidad negativa se sumaron al clima general de malestar que había durante la Gran Depresión. Este episodio puso de manifiesto la desesperación y el sufrimiento de muchos estadounidenses y subrayó la necesidad de una intervención gubernamental más significativa para abordar el problema.

La marcha del ejército bonificado fue la gota que rebosó la copa. La respuesta de Hoover cimentó su imagen en la mente de los estadounidenses como un individuo indiferente e insensible a las necesidades de millones de estadounidenses. Sin embargo, viéndolo en retrospectiva, se puede ver que no es cierto. No obstante, el daño estaba hecho. Hoover no pudo resucitar su deteriorada imagen y faltaban pocos meses para las elecciones generales. Su mandato estaba llegando a su fin.

Fue necesaria una intervención gubernamental más amplia y un programa de ayuda para abordar los problemas de la Gran Depresión. Esta tarea recayó en el sucesor de Herbert Hoover, Franklin D. Roosevelt, que necesitó una acción drástica. Roosevelt tenía que hacer algo más que promesas al pueblo estadounidense. Había una sensación de desesperación combinada con ira en todos los ámbitos de la sociedad. La democracia estadounidense estaba en grave peligro a principios de 1933, y no se aceptarían los fracasos políticos.

Capítulo 6: La vida durante la Gran Depresión

Quienes tienen padres o abuelos que vivieron durante la Gran Depresión han escuchado historias de vida de aquellos tiempos. Fueron momentos decisivos en la vida de muchos estadounidenses; moldearon el carácter de la gente y definieron su visión personal de la vida. La Gran Depresión desafió al ciudadano promedio de formas sutiles y evidentes. El arte, la literatura y la música de la época conservan algunos vestigios de aquellos inquietantes tiempos.

La vida moderna en los años treinta

El impacto más inmediato y visible de la Gran Depresión fue la pérdida generalizada de puestos de trabajo. La tasa de desempleo alcanzó el 25,6 % en mayo de 1933, dejando sin trabajo a casi quince millones de personas. El gasto de los consumidores y la inversión cayeron en picada, provocando el cierre de muchas empresas y fábricas. Personas de todas las clases sociales se encontraron de repente sin trabajo. Los ahorros estaban en peligro, ya que los bancos medianos se veían obligados a cerrar constantemente[41].

---

[41] Pettinger, T. (2020, 1 de abril). *Desempleo durante la Gran Depresión*. Retrieved from Economic help:

Una crisis familiar

Las familias solían tener dificultades para llegar a fin de mes, y muchas caían en la pobreza. No podían pagar hipotecas o alquileres, lo que provocaba inseguridad en la vivienda y desahucios. Muchas familias se vieron obligadas a vivir con parientes y buscar otras viviendas. Algunas perdieron sus casas y se quedaron sin hogar.

El acceso a los alimentos fue una preocupación importante para muchos durante la Depresión. Los precios de los alimentos bajaron, pero los ingresos eran aún más bajos, por lo que era difícil cubrir las necesidades básicas. La escasez de alimentos y la malnutrición eran comunes, y las familias recurrían a comedores sociales y organizaciones benéficas para obtener ayuda. Proliferaron los pequeños huertos familiares. Las comunidades locales permitieron que los terrenos baldíos se convirtieran en «huertos de segunda mano», donde la gente podía cultivar sus propios alimentos. Estos programas se ampliaron a medida que la crisis continuaba. El programa de huertos de segunda mano de Detroit llegó a proporcionar alimentos a casi veinte mil personas.

Fila frente a un comedor social en Chicago⁴

Los matrimonios sufrían tensiones, pero las tasas de divorcio disminuyeron porque las parejas no podían pagar el proceso legal. Abandonar a la familia era muy común y se conocía como el «divorcio del pobre». Las tasas de suicidio se dispararon[42].

Salud y educación

A medida que aumentaba la pobreza, disminuía la sanidad y la higiene en los centros urbanos y las zonas rurales. Sin embargo, el movimiento de salud pública tuvo algunos éxitos durante la Gran Depresión. Esto se debió a los programas del *New Deal*, que promovía mejoras sanitarias y de salubridad. Los casos de enfermedades infantiles, como el sarampión, la fiebre escarlatina, la tos ferina y la difteria, disminuyeron considerablemente. Los programas gubernamentales aumentaron la conciencia sobre la salud pública. Las cuarentenas, las jornadas de vacunación y el trabajo en la salubridad del agua suprimieron epidemias que antes eran comunes[43].

La gente ya no podía pagar sus impuestos de propiedad, lo que provocó recortes presupuestarios en las escuelas públicas. La falta de fondos provocó una reducción del horario escolar, y el aumento del número de alumnos por clase creó serios problemas. Se recortaron los salarios de los profesores y las escuelas pobres de las zonas rurales se vieron obligadas a cerrar sus puertas. Los estudiantes negros, en particular, se vieron gravemente afectados por estos recortes económicos.

Sin embargo, al igual que ocurrió con la salud pública, hubo casos de éxito en la educación durante la Gran Depresión. La financiación estatal aumentó y se fusionaron escuelas pequeñas para ser más eficientes. Se estandarizó el plan de estudios y se mejoraron las normas de enseñanza para los profesionales. La educación se consideraba un derecho y no un lujo. En 1939, aumentó la demanda pública de apoyo gubernamental a la educación[44].

---

[42] Konkel, L. (2023, 20 de enero). *La vida de la familia promedio durante la Gran Depresión*. Extraído de History.com: https://www.history.com/news/life-for-the-average-family-during-the-great-depression.

[43] Encyclopedia.com. (2023, 25 de diciembre). *Salud pública 1929-1941*. Extraído de Encyclopedia.com: https://www.encyclopedia.com/education/news-and-education-magazines/public-health-1929-1941.

[44] Enciclopedia.com. (2023, 25 de diciembre). Educación 1929-1941. Extraído de Encyclopedia.com: https://www.encyclopedia.com/education/news-and-education-magazines/education-1929-1941.

Hoovervilles

Los documentales sobre los países en vía de desarrollo muestran a menudo grandes barrios de emergencia en las afueras de las grandes ciudades. Aparecen como zonas decrépitas y desesperanzadas, llenas de pobreza. Algo parecido ocurrió en Estados Unidos; de hecho, fue una característica de la Gran Depresión. Estos barrios estadounidenses se llamaban *Hoovervilles*.

Los *Hoovervilles* eran asentamientos improvisados, a menudo sórdidos, que surgieron durante la Gran Depresión en Estados Unidos. Llevaban el nombre del presidente Herbert Hoover, muy criticado por su ineficaz respuesta a las dificultades económicas de la época. Estos asentamientos estaban habitados principalmente por personas y familias empobrecidas y sin hogar.

Los *Hoovervilles* fueron relativamente comunes durante la Gran Depresión, especialmente durante los primeros años de la crisis. Eran más frecuentes en las zonas urbanas, sobre todo en las grandes ciudades, donde las tasas de desempleo eran elevadas. La gente migraba en masa a las ciudades en busca de trabajo y, cuando no lo encontraban, se veían obligados a permanecer en un *Hooverville*.

El número de personas que vivían en las *Hoovervilles* variaba de un asentamiento a otro. Algunos eran relativamente pequeños y albergaban a pocas docenas de personas o familias, mientras que los más grandes podían tener cientos, o incluso miles, de residentes.

Grandes ciudades como Nueva York, Chicago, Los Ángeles y Seattle contaban con importantes poblaciones en sus *Hooverville*. El más grande era el de Saint Louis, Missouri, y el *Hooverville* de Seattle, Washington, abarcaba nueve acres y albergaba a cerca de 1.200 personas[45].

Los *Hoovervilles* se caracterizaban por sus cabañas construidas con materiales desechables, como cartón, restos de madera y papel de alquitrán. Los servicios básicos eran escasos y las casas eran frías en invierno. Tampoco era fácil lidiar con la lluvia. Las condiciones de saturación eran terribles y no había suficiente agua potable. Estas condiciones favorecían la propagación de enfermedades.

---

[45] Longley, R. (2020, 26 de mayo). Hoovervilles: Homeless Camps of the Great Depression. Extraído de ThoughtCo.com: https://www.thoughtco.com/hoovervilles-homeless-camps-of-the-great-depression-4845996.

Los gobiernos locales solían considerar los *Hoovervilles* como un problema, y a veces intentaban desalojarlos o reubicar a los residentes. En algunos casos, organizaciones benéficas y particulares proporcionaban alimentos y otro tipo de ayuda a los residentes de los *Hoovervilles*.

Los *Hoovervilles* se convirtieron en símbolos del sufrimiento económico y la pobreza que padecían muchos estadounidenses durante la Gran Depresión. Eran una manifestación visible del fracaso del gobierno y del sistema económico a la hora de satisfacer las necesidades básicas de la población.

La gran migración

Los estadounidenses se desplazaron en masa durante la Gran Depresión. Las condiciones económicas del país eran tan graves, que la gente tuvo que buscar trabajo en otros lugares. Esto incluía viajar cientos o incluso miles de kilómetros para encontrar trabajo. En busca de empleo y mejores oportunidades, muchos se embarcaron en viajes. La «migración del *Dust Bowl*» se dirigió a estados como California. Este movimiento masivo contribuyó al crecimiento de las poblaciones urbanas en el Oeste.

No eran viajes por placer. Por el contrario, eran movimientos desesperados de personas desesperadas que buscaban respuesta a un problema de difícil solución. Los estadounidenses buscaban ansiosamente una forma de mejorar su situación económica, y migrar fue una de las maneras en que lo intentaron.

Vagabundos

Durante los días más oscuros de la Gran Depresión, surgió en Estados Unidos una peculiar subcultura: los vagabundos. Estos vagabundos itinerantes ya existían antes de la Depresión, pero llegaron a representar un nicho definido en la migración masiva que se produjo mientras los estadounidenses trataban de escapar de las dificultades económicas.

Los vagabundos eran predominantemente hombres que abandonaban sus hogares y a sus familias para embarcarse en un estilo de vida nómada en busca de empleo, aventura o supervivencia. Los vagabundos solían ser personas víctimas de la recesión económica, que habían perdido su trabajo, su casa y su sensación de seguridad. Muchos de ellos eran trabajadores desplazados, antiguos agricultores o vagabundos que recorrían la vasta red ferroviaria del país. Se distinguían de otros grupos de personas sin hogar por su decisión de viajar y su adhesión a una cultura específica.

Algunos vagabundos estaban motivados por el sentido de la aventura. Veían la carretera como una oportunidad para explorar, conocer gente nueva y llevar una vida libre de las limitaciones de la sociedad convencional. La naturaleza transitoria de la vida de vagabundo les permitía escapar de problemas legales o deudas en sus ciudades de origen. Al desplazarse de un lugar a otro, las autoridades tenían dificultades para localizarlos.

El principal medio de transporte de los vagabundos era el tren de mercancías. Se subían a los trenes que pasaban y viajaban hasta el destino deseado. Los viajes eran peligrosos e incómodos. Los vagabundos se arriesgaban a sufrir lesiones, ser arrestados y morir.

Los vagabundos se caracterizaban por su constante movimiento. No tenían un hogar permanente y viajaban por todo el país. A pesar de su vida errante, formaban una comunidad muy unida. Desarrollaron su propio código de conducta y ética, que incluía normas para compartir comida y refugio y respetar las pertenencias de los demás[46].

Estos viajeros utilizaban un sistema de dibujos e imágenes para comunicarse entre sí. Solían dibujar los pictogramas con tiza, lo que facilitaba su modificación cuando las circunstancias lo hacían necesario.

Los símbolos vagabundos eran un testimonio del ingenio y el sentido de comunidad que definían a esta subcultura durante la Gran Depresión. Les permitían superar los retos de su estilo de vida nómada, compartiendo información y apoyándose mutuamente en sus viajes por la carretera. A continuación se muestran algunos ejemplos comunes de símbolos vagabundos y sus significados:

- No ir (x con un círculo alrededor): El símbolo «no ir» avisaba a los vagabundos de zonas poco acogedoras o peligrosas. Podía significar residentes hostiles, fuerzas del orden agresivas u otros peligros.

---

[46] National Security Agency/Central Security Service (2021, August 4). *Comunicaciones vagabundas: Una breve historia de los vagabundos y sus códigos*. Recuperado de Nsa.gov: https://www.nsa.gov/History/National-Cryptologic-Museum/Exhibits-Artifacts/Exhibit-View/Article/2718897/hobo-communications-a-brief-history-of-hobos-and-their-signs/.

- Comida disponible (triángulo): El símbolo del triángulo representaba la promesa de comida. A menudo se encontraba cerca de casas o granjas donde los vagabundos podían pedir o buscar comida.
- Necesito un médico (un signo más o una cruz): Los vagabundos utilizaban este símbolo para solicitar asistencia médica o indicar que estaban heridos y necesitaban ayuda.
- Mujer amable (una cara de mujer sonriente): Esto indicaba que allí vivía una mujer compasiva y generosa. Los vagabundos podían pedir comida, refugio o ayuda sin temor a ser rechazados.
- Salir rápido (líneas onduladas): Las líneas onduladas avisaban a los vagabundos que debían abandonar la zona rápidamente por un peligro inminente o la presencia de la ley.

Otras señales permitían a los vagabundos saber si eran bienvenidos en una comunidad o si la policía era hostil[47].

Movimientos significativos de personas

Una migración importante de la Gran Depresión fue el desplazamiento de afroamericanos del sur profundo al norte del país. Esta fue una continuación de la gran migración que había comenzado antes de la Primera Guerra Mundial. Los afroamericanos habían soportado durante mucho tiempo la segregación racial, la desigualdad económica y la violencia física en el sur. La agitación económica y la promesa de mejores oportunidades les hizo abandonar las opresivas condiciones en busca de trabajo y una oportunidad de vida mejor. Muchos eran aparceros, arrendatarios o trabajadores atrapados en la pobreza y la discriminación. Eran predominantemente negros, pero también había algunos de ascendencia racial mixta.

En el sur, las leyes de Jim Crow imponían la segregación y la discriminación racial. Los afroamericanos se enfrentaban a un racismo sistémico, que incluía un acceso limitado a la educación, la salud y las oportunidades económicas. El sur estaba plagado de violencia racial y linchamientos. La migración era una forma de escapar de la amenaza constante del terror.

---

[47] Diffendarfer, J. (2023, 8 de noviembre). *Código vagabundo: Los signos y símbolos utilizados por los viajeros de antaño.* Extraído de Owlcation.com: https://owlcation.com/humanities/All-things-HOBO-signs-and-symbols.

En el norte había focos de crecimiento económico, a pesar de la pobreza de la Gran Depresión, especialmente en los centros urbanos. La industria automovilística de Detroit atrajo a muchos afroamericanos en busca de trabajo en fábricas. El complejo Rouge Factory de Ford Motor permitió que la clase media afroamericana creciera sustancialmente. Casi 120.000 afroamericanos vivían en el área metropolitana de Detroit en 1930[48].

Chicago también se convirtió en un importante destino para los migrantes afroamericanos, debido a su próspera economía industrial. Las fábricas de acero de la ciudad, las plantas de envasado de carne y otras industrias ofrecían muchas oportunidades de trabajo. Muchos negros del sur la consideraban una «tierra prometida». Otras ciudades, como Filadelfia y Nueva York, eran destinos frecuentes para quienes se trasladaban al norte[49].

La migración al norte no fue tan grande como en años anteriores y como sería en años posteriores, durante la Segunda Guerra Mundial, a medida que la producción militar abría oportunidades económicas. Aun así, la Gran Depresión fue un periodo en el que la migración continuó y cambió la demografía de muchas ciudades del norte. Lugares como Detroit no contaban con comunidades afroamericanas de tamaño considerable a principios de siglo; esto cambió drásticamente a finales de la Gran Depresión.

<u>Desplazamiento forzoso</u>

Cualquier política pública conlleva un análisis de costos y beneficios. Esto significa que no importa lo grande que sea el beneficio para el público de una decisión o proyecto, siempre hay costos asociados, y muchas veces son costos humanos. La Tennessee Valley Authority (TVA) formaba parte del *New Deal* de la administración Roosevelt. Aunque generó oportunidades y beneficios para muchos estadounidenses, hubo que pagar un precio por este programa, y los residentes de los Apalaches fueron quienes lo hicieron.

---

[48] Gillette, G. (2023, 25 de diciembre). *Un gigante dormido: Detroit a mediados de la década de 1930*. Extraído de Sabr.org: https://sabr.org/journal/article/a-sleeping-giant-detroit-in-the-mid-1930s/.

[49] Interactive.com. (2023, 25 de diciembre). *De DuSable a Obama*. Obtenido de Early Chicago: The Great Migration: https://interactive.wttw.com/dusable-to-obama/the-great-migration.

La Ley de la Autoridad del Valle del Tennessee entró en vigor el 18 de mayo de 1933. Exigía mejoras en la navegabilidad del río Tennessee, el control de las inundaciones, la economía del valle de Tennessee y el funcionamiento de la represa Wilson. Abarcaba una zona de siete estados: Alabama, Tennessee, Kentucky, Mississippi, Georgia, Virginia y Carolina del Norte. En 1934, la TVA empleaba a más de nueve mil personas, y entre 1933 y 1934 se construyeron dieciséis presas hidroeléctricas. Sin embargo, los residentes de la zona tuvieron que pagar un precio.

La gente se asombra de la cantidad de casas y pueblos que fueron inundados por la represa de las Tres Gargantas, en China; lo mismo ocurrió en la zona del valle de Tennessee. Aproximadamente 3.500 familias del este de Tennessee perdieron sus hogares cuando la represa de Norris inundó casi 239 millas cuadradas[50].

Lugares que habían estado poblados durante generaciones se hundieron bajo las aguas. Loyston, Tennessee, fue habitada por primera vez en 1800 y tenía casas, escuelas, iglesias y establecimientos comerciales. Willow Grove, Tennessee, contaba con un almacén general y un molino. Con más de setecientas familias, Butler fue el pueblo más grande de Tennessee que se inundó. Los antiguos pueblos cherokee de Chota y Tanasi corrieron la misma suerte[51].

El costo no se limitó a Tennessee. Waterloo y Riverton, en Alabama, también se inundaron, obligando a más de quinientas familias a trasladarse[52].

Para lograr sus objetivos, la TVA ejerció su poder de dominio eminente, un principio legal que permite al gobierno tomar propiedad privada para uso público. Esta autoridad permitió al gobierno apoderarse legalmente de tierras para construir represas y embalses, lo que provocó el desplazamiento de los antiguos residentes de la zona.

---

[50] Editores de History.com. (2023, 13 de junio). *TVA*. Extraído de History.com: https://www.history.com/topics/great-depression/history-of-the-tva.

[51] Watts, J. (2021, 18 de mayo). *Pueblos fantasmas sumergidos en Tennessee*. Extraído de Tnmuseum.org: https://tnmuseum.org/junior-curators/posts/underwater-ghost-towns-of-tennessee.

[52] Autoridad del valle del Tennessee. (2023, 25 de diciembre). *Los pueblos perdidos de Pickwick*. Extraído de Tva.com: https://www.tva.com/About-TVA/Our-History/Built-for-the-People/The-Lost-Towns-of-Pickwick.

La TVA justificó estos traslados argumentando que los proyectos eran de interés público, ya que proporcionaban control de inundaciones, electricidad y mejores condiciones agrícolas. Es verdad que estos objetivos preveían importantes beneficios, pero obligaron a muchas familias de los Apalaches a salir de sus tierras ancestrales.

Los proyectos de la TVA provocaron el desplazamiento de unas 125.000 personas y la inundación de cientos de miles de acres de tierra. Las familias desplazadas, en su mayoría agricultores de subsistencia que vivían en condiciones paupérrimas, se vieron obligadas a abandonar sus hogares y comunidades para dar paso a las represas y embalses. Aunque la TVA pretendía compensar a los afectados por sus proyectos, el proceso se vio a menudo obstaculizado por diversos problemas. A las familias se les ofrecía una compensación económica por sus tierras y hogares, pero a menudo no era suficiente para ayudarles a reconstruir sus vidas en nuevos lugares. El costo emocional de perder hogares ancestrales y comunidades muy unidas no se puede calcular en términos monetarios. Quienes fueron reubicados, se enfrentaron a la difícil tarea de empezar de nuevo.

La vida del estadounidense promedio durante la Gran Depresión estuvo llena de dificultades económicas e incertidumbre general. Fue un periodo difícil de la historia que tuvo un impacto duradero en la economía y en las políticas sociales de Estados Unidos. El cambio fue esencial para permitir la supervivencia de la sociedad estadounidense. La transformación de Estados Unidos comenzó el 4 de marzo de 1933, cuando un hombre puso su mano izquierda sobre una Biblia y levantó la derecha para jurar.

Capítulo 7: Roosevelt y su *New Deal*

«No tenemos nada que temer, salvo al miedo mismo». Esas palabras fueron pronunciadas el 4 de marzo de 1933 por un hombre que nunca tuvo hambre.

Franklin Delano Roosevelt formaba parte de la aristocracia estadounidense. Procedía de una familia adinerada y estaba acostumbrado a una vida de lujo. No tenía motivos para sospechar que la riqueza o los privilegios de los que disfrutaba fueran a desaparecer jamás. Esta seguridad le daba una apariencia de extrema confianza en sí mismo. La necesitaba para enfrentarse a un país de rodillas.

Franklin Delano Roosevelt[vii]

Las cosas no podían ir peor. El sistema bancario era un caos, la gente estaba desempleada y millones de personas vagaban por todo el país con la esperanza de encontrar un trabajo decente o algo para comer.

Roosevelt abordó estos problemas con una actitud positiva. El futuro de la sociedad y la democracia estadounidense dependía de la capacidad del presidente para cumplir sus promesas.

Nubes negras por todas partes

Aunque Franklin D. Roosevelt proyectaba confianza y optimismo durante los primeros días de su gobierno, es razonable suponer que experimentó momentos de miedo y preocupación. La Gran Depresión fue una crisis sin precedentes y Roosevelt comprendió las pruebas a las que se enfrentaría como presidente.

La gravedad de la crisis económica habría sido motivo de preocupación para cualquier dirigente. Fue la mayor emergencia estadounidense desde la guerra civil. Las ideas de Roosevelt eran revolucionarias para la época, y el entorno político en el que se movía era turbio. La aplicación del *New Deal* requería hábiles negociaciones y mucha persuasión.

La presidencia de Roosevelt comenzó con grandes expectativas. El público esperaba de él soluciones rápidas a la crisis económica. Por encima de todos los problemas, estaba su salud personal. A Roosevelt le habían diagnosticado poliomielitis en 1921, lo que lo dejó discapacitado. Aunque ocultó al público el alcance de su discapacidad, seguramente fue un reto personal y una fuente de preocupación para él.

El estilo de liderazgo de Roosevelt se caracterizó por su capacidad para proyectar confianza y dar esperanza al pueblo estadounidense. Utilizó sus habilidades comunicativas, incluidas sus famosas charlas junto al fuego, para tranquilizar a la nación e infundir un sentimiento de optimismo. La capacidad de Roosevelt para guiar a la nación en los días más oscuros fue crucial en el éxito de su presidencia.

El día feriado

El nuevo presidente actuó con rapidez. Ordenó un día feriado, que tuvo lugar poco después de asumir el cargo, el 4 de marzo de 1933. Fue un momento crucial en sus esfuerzos por hacer frente a la Gran Depresión. El feriado bancario fue un cierre nacional de cuatro días de todos los bancos de Estados Unidos. Fue declarado por orden ejecutiva y tuvo lugar el 6 de marzo de 1933.

El propósito del feriado bancario era detener el pánico y las corridas, que amenazaban la estabilidad del sistema bancario. La gente se apresuraba a retirar su dinero de los bancos, erosionando aún más la confianza en el sistema. El objetivo principal del feriado bancario era restablecer la confianza. Con el cierre temporal de los bancos, Roosevelt pretendía detener las corridas y evitar una mayor fuga de reservas de los bancos.

Este breve respiro permitió a los reguladores y funcionarios del gobierno evaluar la salud financiera de cada banco. A los que eran solventes y estaban bien gestionados, se les permitió reabrir, mientras que otros fueron cerrados o reorganizados.

La pausa era solo una parte del plan general. El Congreso aprobó la Ley Bancaria de Emergencia el 9 de marzo de 1933. Esta ley otorgaba al gobierno mayor autoridad para estabilizar y apoyar el sistema financiero, incluida la capacidad de conceder préstamos a quienes los necesitaban[53].

Era una medida drástica, pero necesaria. Las corridas bancarias probablemente habrían continuado y se habrían intensificado aún más sin este breve respiro. Por otra parte, la gente desesperada podría haber salido a la calle a protestar y a reclamar su dinero a los bancos, lo que podría haber desembocado en violencia y más inestabilidad[54].

Las vacaciones bancarias de Roosevelt fueron una intervención crucial y oportuna que detuvo la crisis inmediata del sector bancario, restableció la confianza del público y sentó las bases para reformas financieras más amplias. Fue una medida decisiva para estabilizar la economía.

<u>Los primeros cien días</u>

Los primeros cien días de Franklin D. Roosevelt en el cargo, del 4 de marzo al 16 de junio de 1933, transformaron la historia de Estados Unidos. La presidencia de Roosevelt llegó acompañada de un torbellino de medidas legislativas y ejecutivas. A continuación, se explora el significado de los primeros cien días de Roosevelt, detallando lo que logró, el impacto que tuvo en la sociedad estadounidense, el éxito de sus esfuerzos y su importancia.

---

[53] Historia de la Reserva Federal. (2023, 25 de diciembre). Bank Holiday of 1933. Obtenido de Federalreservehistory.org: https://www.federalreservehistory.org/essays/bank-holiday-of-1933.

[54] Silber, W. L. (2009, julio). *¿Por qué tuvo éxito el feriado bancario de FDR?* Obtenido de Newyorkfed.org: https://www.newyorkfed.org/research/epr/09v15n1/0907silb.html.

Ensalada de leyes

Los primeros cien días dieron lugar a un gran número de nuevas agencias gubernamentales, encargadas de restaurar la economía estadounidense. Conocidas colectivamente como el *New Deal*, fueron iniciativas innovadoras que ampliaron el alcance del gobierno federal. Se abordaron varias áreas problemáticas.

- Reforma bancaria

  La Ley Bancaria de Emergencia restableció la confianza en los bancos del país, declarando un periodo de vacaciones bancarias y permitiendo inspecciones gubernamentales para identificar las instituciones sólidas. La Ley Glass-Steagall (16 de junio de 1933) separó la banca comercial de la de inversión, y la Ley Federal de Valores de 1933 (27 de mayo de 1933) pretendía regular el mercado de valores.

- Creación de empleo

  La administración de Roosevelt puso en marcha el Cuerpo de Conservación Civil (conocido como CCC) el 31 de marzo de 1933, para aliviar las tasas de desempleo. La Ley Federal de Ayuda de Emergencia (12 de mayo de 1933) y la Ley del Sistema Nacional de Empleo (6 de junio de 1933) también ayudaron a dar trabajo a los desempleados. Estos programas pusieron a millones de estadounidenses a trabajar en diversos proyectos de obras públicas.

Trabajadores de la CCC construyendo una alcantarilla[viii]

- Reforma empresarial

  La Ley de Recuperación de la Industria Nacional (NIRA, creada el 16 de junio de 1933) pretendía hacer frente a los retos económicos de la Gran Depresión, regulando y estabilizando la industria y el trabajo. Creó la Administración Nacional de Recuperación (NRA) para supervisar la creación y aplicación de códigos industriales de competencia leal.

- Recuperación de la agricultura

  El *New Deal* no olvidó los problemas a los que se enfrentaban los agricultores y los habitantes de las zonas rurales. A la Ley de Ajuste Agrícola (AAA, creada el 12 de mayo de 1933) le siguieron la Autoridad del Valle del Tennessee (TVA, creada el 18 de mayo de 1933) y la Ley de Crédito Agrícola (creada el 16 de junio de 1933). Todas estas leyes estaban destinadas a brindar la ayuda que tanto necesitaba el sector agrícola estadounidense[55].

Resultados inmediatos

Las medidas de Roosevelt fueron una inyección de moral para una sociedad estadounidense enferma. Los primeros cien días marcaron un cambio en el papel del gobierno federal, que asumió un papel más activo e intervencionista en las cuestiones económicas y sociales, sentando un precedente para la futura participación del gobierno. Los primeros cien días estuvieron marcados por una acción legislativa y ejecutiva sin precedentes, que tuvo un impacto significativo en la sociedad estadounidense. Este periodo también consagró a Franklin Delano Roosevelt como un líder dinámico y eficaz. Su voluntad de experimentar con políticas audaces y responder a las necesidades de la época redefinió la presidencia. Estos cien días siguen siendo un testimonio del poder de un liderazgo valiente y de la intervención de un gobierno en tiempos de crisis.

El segundo *New Deal*

Los cien días fueron la primera fase de la respuesta de Roosevelt a la Gran Depresión. Inicialmente, el presidente presentó y firmó leyes que permitían ayuda de emergencia a una economía y una población

---

[55] American-historama.org. (2023, 25 de diciembre). *Los primeros cien días de FDR*. Obtenido de American-historama.org: https://www.american-historama.org/1929-1945-depression-ww2-era/hundred-days.htm.

inestable por las quiebras bancarias y el elevado desempleo. La segunda fase buscaba impedir que esas terribles condiciones se repitieran.

El segundo *New Deal* tuvo lugar aproximadamente entre 1935 y 1938, y siguió ampliando las iniciativas de los primeros años de Roosevelt como presidente. Se caracterizó por un cambio de enfoque, pasando del alivio inmediato a las reformas económicas y sociales a largo plazo. Algunas de las leyes promulgadas en aquellos años siguen rigiendo diversos ámbitos de la política gubernamental.

- Ley de Seguridad Social (14 de agosto de 1935)

  La Ley de Seguridad Social estableció el marco de red de seguridad social moderna de Estados Unidos. Proporcionó pensiones a los trabajadores jubilados, estableció el seguro de desempleo y prestó la asistencia necesaria a los discapacitados y a los niños desfavorecidos.

- Administración para el Progreso de las Obras (WPA; 6 de mayo de 1935)

  La WPA empleó a millones de estadounidenses en una amplia gama de proyectos de obras públicas, como la mejora de infraestructuras, programas artísticos y culturales y la construcción de edificios públicos.

- Ley Nacional de Relaciones Laborales (Ley Wagner; 5 de julio de 1935)

  La Ley Wagner protegía los derechos de los trabajadores a participar en negociaciones colectivas y formar sindicatos. También se creó la Junta Nacional de Relaciones Laborales (NLRB), para hacer cumplir las leyes laborales y mediar en los conflictos laborales.

- Ley de Ingresos de 1935 (Ley del Impuesto sobre la Riqueza; 30 de agosto de 1935)

  Esta ley aumentó los impuestos sobre las rentas altas y las empresas, implantando una estructura fiscal más progresista. Su objetivo era redistribuir la riqueza y generar ingresos para financiar los programas del *New Deal*.

- Administración de Electrificación Rural (REA; 20 de marzo de 1936)

El objetivo de la REA era llevar la electricidad a las zonas rurales mediante la concesión de préstamos y ayudas a las cooperativas eléctricas rurales. La REA modernizó la ruralidad estadounidense y mejoró la vida de muchos habitantes de estas zonas.

- Ley de Compañías de Servicios Públicos (1 de octubre de 1935)

  Esta ley se aprobó para regular el poder de las grandes empresas de servicios públicos. Protegía a los consumidores de las prácticas desleales y monopolísticas en el sector de los servicios públicos.

- Ley de Normas Laborales Justas (25 de junio de 1938)

  Aunque técnicamente se aprobó después del periodo del segundo New *Deal*, esta ley continuó las reformas laborales de Roosevelt. Estableció restricciones al trabajo infantil, una jornada laboral máxima, un salario mínimo federal y protecciones fundamentales para los trabajadores.

El segundo *New Deal* ofrecía una solución más completa y duradera a la desigualdad económica y la inseguridad social. Con esta serie de reformas, se amplió el papel del gobierno federal en la regulación de la economía, lo que causó cierta preocupación. Estados Unidos no había experimentado antes un grado tan alto de regulación gubernamental. El programa legislativo inicial de Roosevelt contó con un gran apoyo, pero fue criticado por ir demasiado lejos con el segundo *New Deal*.

Muchos líderes empresariales e intereses corporativos se opusieron a la regulación gubernamental del segundo *New Deal* y a la ampliación de la protección laboral. Argumentaban que el aumento de la intervención gubernamental y de los derechos laborales vulneraba su capacidad para gestionar sus propios negocios, lo que podía frenar el crecimiento económico. Los políticos conservadores y los grupos poderosos también se resistieron a la expansión de la autoridad gubernamental y al gasto asociado al segundo *New Deal*. Argumentaban que amenazaba la libertad individual y el capitalismo de libre mercado. A los críticos les preocupaba que el presidente estuviera acercando al país al socialismo.

Sorprendentemente, los liberales, especialmente de extrema izquierda, también criticaron el segundo *New Deal*. Sostenían que no hacía lo suficiente para ayudar a los necesitados.

Los desafíos judiciales

El gobierno de Estados Unidos dispone de mecanismos de control y equilibrio para evitar que una rama adquiera demasiado poder. Roosevelt y los demócratas controlaban el poder ejecutivo y el legislativo. Sin embargo, el tercer poder del gobierno, el judicial, iba a frustrar sus planes.

El Tribunal Supremo de Estados Unidos fue un obstáculo importante para el segundo *New Deal*, ya que anuló varios programas y políticas clave, cuestionando su constitucionalidad y argumentando que las iniciativas iban más allá de la autoridad del gobierno federal.

Schechter Poultry Corp. contra Estados Unidos (1935)

La Ley de Recuperación de la Industria Nacional fue la joya de la corona del *New Deal*. Tenía buenas intenciones, pero estaba mal redactada (un total de 775 códigos básicos y 208 complementarios). Se otorgó al presidente la autoridad para eliminar las prácticas comerciales desleales, establecer salarios mínimos y horarios máximos, y hacer cumplir los derechos de los trabajadores a negociar colectivamente. Tal vez la legislación intentaba abarcar más de lo que podía manejar[56].

La NRA recibió numerosas críticas y, finalmente, un caso judicial que impugnaba su constitucionalidad llegó hasta el Tribunal Supremo de Estados Unidos. El 27 de mayo de 1935, el Tribunal Supremo declaró inconstitucional la Ley Nacional de Recuperación Industrial, porque consideraba que la ley violaba la separación de poderes al delegar la autoridad legislativa en el poder ejecutivo. La ley excedía el alcance de la regulación federal del comercio, ya que controlaba las actividades intraestatales, carecía de normas específicas del Congreso e imponía a las empresas reglas excesivas.

Esta decisión supuso un importante revés para las políticas del *New Deal* y marcó un momento decisivo en el papel del Tribunal Supremo sobre el crecimiento del gobierno federal. Este fue el principio de los problemas legales para el *New Deal*.

Otras decisiones del Tribunal Supremo también perjudicaron al *New Deal*. *Humphrey's Executor contra Estados Unidos* (27 de mayo de

---

[56] Proyecto de historia del bienestar social. (2023, 25 de diciembre). *La Administración Nacional de Recuperación (1933-1935)*. Obtenido de socialwelfare.lbrary.vcu.edu: https://socialwelfare.library.vcu.edu/eras/great-depression/u-s-national-recovery-administration/.

1935) dictaminó que el presidente carecía de autoridad para destituir subjetivamente a un comisario federal de comercio; solo era posible hacerlo si la persona era ineficiente, descuidaba su deber o cometía prevaricación en el cargo. *Estados Unidos contra Butler* (6 de enero de 1936) declaró que la Ley de Ajuste Agrícola de 1933 incumplía la Décima Enmienda, al interferir en áreas reservadas a los estados.

El poder judicial no estaba en sintonía con Roosevelt, y el presidente iba a hacer algo al respecto.

Reagrupación de tribunales

El presidente Roosevelt propuso añadir más jueces al Tribunal Supremo en lo que se denominó «reagrupación de tribunales». Quería reorganizar el Tribunal Supremo para obligar a sus oponentes a dimitir y reemplazar a los jueces con más de setenta años que no se hubieran jubilado.

La idea de Roosevelt fue un desastre. Todas las partes denunciaron el plan y fue acusado de intentar establecerse como dictador. El presidente malgastó su capital político con esta idea.

Más tarde, el Tribunal Supremo falló a favor de los programas del *New Deal*, y Roosevelt nombró a cinco jueces. Su imagen, sin embargo, quedó dañada[57].

La recesión de Roosevelt

En 1937, durante el segundo mandato de Franklin D. Roosevelt, hubo una dramática recesión económica. Fue una fuerte contracción de la economía que no se esperaba, tras varios años de recuperación y expansión. Uno de los principales factores que ocasionaron la recesión fue la gran reducción del gasto del gobierno federal. Para equilibrar el presupuesto federal y hacer frente al creciente déficit, Roosevelt, junto con sus asesores económicos, decidió reducir el gasto público y virar hacia el conservadurismo fiscal.

La Reserva Federal desempeñó un papel importante en esta recesión económica. Siguió una política de restricción de la oferta monetaria, que incluía el aumento de las reservas obligatorias de los bancos. Estas medidas intentaron frenar las presiones inflacionistas y el exceso de especulación en los mercados financieros. Sin embargo, perjudicaron

---

[57] Historia Digital. (2023, 25 de diciembre). The New Deal in Decline. Obtenido de Digitalhistory.uh.edu: https://www.digitalhistory.uh.edu/disp_textbook.cfm?smtID=2&psid=3450.

inadvertidamente a la economía en general.

La reducción del gasto público y el endurecimiento de la política monetaria afectaron la producción industrial. La producción de las fábricas disminuyó y las empresas empezaron a reducir sus inversiones y su producción. Al ralentizarse la producción industrial y aumentar el desempleo, cayó el gasto de los consumidores, que se mostraron cautelosos en medio de la incertidumbre económica, lo que contribuyó a la recesión.

El mercado de valores experimentó un fuerte descenso durante este periodo, borrando las ganancias de los años anteriores. La incertidumbre económica y la reducción de la actividad empresarial provocaron la caída de las cotizaciones bursátiles. Las tasas de desempleo aumentaron, ya que las empresas redujeron la contratación y despidieron a trabajadores en respuesta a la recesión.

La recesión sirvió para recordar a los responsables políticos la debilidad de la economía y las posibles consecuencias de cambios bruscos en la política fiscal y monetaria. Roosevelt respondió a la recesión aumentando el gasto público y adoptando una política monetaria más acomodaticia, que finalmente ayudó a la recuperación de la economía.

Economistas e historiadores siguen debatiendo la eficacia del *New Deal*. Algunos dicen que no se hizo lo suficiente y otros se quejan de que hubo demasiada intervención gubernamental durante la década de 1930. Es el tema de los debates en las salas de profesores. Sin embargo, no se pueden descartar algunas conclusiones sobre el *New Deal*.

Había que hacer algo. A finales de 1932, la economía estaba en pleno desastre. La actitud de abstencionismo de intervención del gobierno en los mercados no estaba mejorando la situación. Demasiados estadounidenses estaban en una situación desesperada, como para esperar a que el mercado se corrigiera gradualmente. De todos modos, es muy probable que la Gran Depresión hubiera terminado con la Segunda Guerra Mundial, pero eso no era visible en 1932. Si el gobierno hubiera seguido ignorando los problemas, el costo humano habría sido mucho mayor.

Franklin Delano Roosevelt puede ser criticado por algunas acciones, pero merece ser elogiado por lo que consiguió. Dirigió el rumbo de Estados Unidos, permitiendo que el país se recuperara al tiempo que mantenía sus instituciones. Algunos pueden pensar que sus acciones fueron extremas. Habría podido hacer otras cosas que se implementaron en lugares como Alemania y Rusia, pero esas opciones eran, cuando menos, aterradoras.

Capítulo 8: Impacto internacional de la Gran Depresión

La Gran Depresión no fue una catástrofe económica aislada. Se extendió por todos los continentes y tuvo hondas consecuencias en la economía mundial. La Gran Depresión tuvo un profundo efecto en Europa, que aún intentaba recuperarse de las calamidades de la Primera Guerra Mundial. El Tratado de Versalles impuso pesadas deudas de guerra y reparaciones a Alemania y a otras naciones derrotadas, dejándolas en apuros económicos. Estas naciones no fueron las únicas que pagaron un precio por la guerra. Los vencedores también tuvieron que hacer frente al pago de la deuda de guerra.

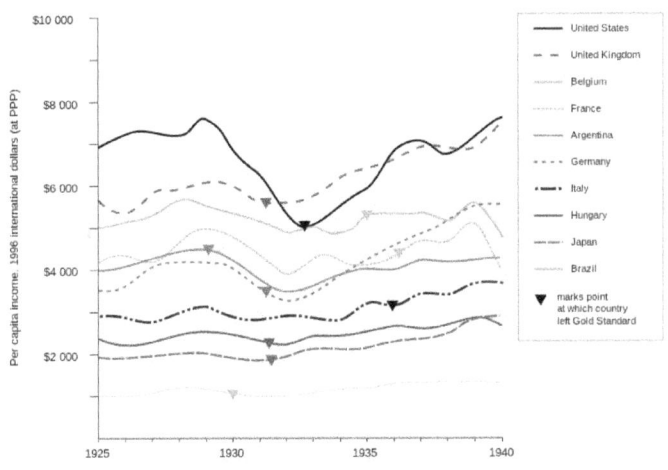

Una mirada al impacto internacional de la Gran Depresión[ix]

La carga de la deuda

La Gran Guerra fue una victoria y una derrota costosa, dependiendo del bando. Había costado mucho ganarla, y la deuda también pesaba mucho sobre los vencedores.

Francia, por ejemplo, a pesar de ser uno de los vencedores, se enfrentaba a grandes retos económicos. El país había contraído fuertes deudas durante la guerra y se vio obligado a destinar una parte sustancial de su presupuesto a saldarlas. Los esfuerzos franceses por obtener el dinero de las reparaciones de Alemania estaban destinados en parte a pagar sus propias deudas de guerra. Cuando Alemania tuvo dificultades para efectuar los pagos exigidos, la situación financiera de Francia empeoró, lo que afectó a su capacidad para responder a la crisis económica.

El Reino Unido también acumuló deudas considerables para financiar sus esfuerzos militares. Estas deudas supusieron una carga para la economía británica y el gobierno no tuvo más remedio que desviar los escasos recursos de las necesidades nacionales para hacer frente a sus obligaciones financieras. La recesión económica mundial perturbó el comercio internacional, que era una de las principales fuentes de prosperidad británica. Al reducirse el comercio, el Reino Unido experimentó un descenso de las exportaciones y un aumento del desempleo, lo que agravó su vulnerabilidad económica.

Alemania se llevó la peor parte de las sanciones del Tratado de Versalles, que imponía el pago de enormes reparaciones. La cifra inicial se fijó en 132.000 millones de marcos de oro, una suma astronómica. Alemania recurrió a la impresión de dinero para hacer frente a estas obligaciones, lo que produjo una hiperinflación. Esta inestabilidad económica perjudicó los ahorros de los ciudadanos comunes y redujo la confianza en la moneda. Las dificultades financieras y la inestabilidad derivada de las reparaciones de guerra hicieron a Alemania más susceptible a los embates de la Gran Depresión, que no hizo sino intensificar los problemas económicos del país[58].

Muchos países de Europa del Este también se habían endeudado durante la guerra y tenían una capacidad limitada para reconstruir sus

---

[58] Klein, C. (2023, 28 de marzo). *Cómo la agitación económica tras la Primera Guerra Mundial condujo a la Gran Depresión*. Obtenido de History.com: https://www.history.com/news/world-war-i-cause-great-depression.

economías. Las dificultades económicas a las que se enfrentaban los países recién formados, combinadas con la inestabilidad política, los hicieron muy vulnerables a la crisis financiera mundial. Austria, en particular, sufrió una grave hiperinflación y agitación social.

Debido a los reembolsos, se creó un círculo vicioso. Estados Unidos era el mayor acreedor y exigía la devolución de los préstamos que había concedido a los Aliados. A su vez, el Reino Unido y Francia presionaban a Alemania para que pagara las reparaciones que debía, a fin de reembolsar esos préstamos. Los banqueros de Estados Unidos, a su vez, prestaron dinero a Alemania para que pagara esas reparaciones. En un determinado punto, Alemania incumplió los pagos y Francia envió tropas para ocupar el Ruhr.

Abandono del patrón oro

El patrón oro dejó de ser una política monetaria viable a la luz de las deudas de guerra y las reparaciones. Cuando los países abandonaron el patrón oro, en respuesta a la crisis económica de los años treinta, se produjeron diversas consecuencias.

- Devaluación de la moneda

    Muchos países abandonaron el patrón oro para que sus bancos centrales tuvieran más flexibilidad para instituir políticas monetarias y corregir las recesiones económicas. A medida que abandonaban el patrón oro, devaluaban sus monedas para estimular el crecimiento económico y hacer más competitivas sus exportaciones. La devaluación abarataba los productos para los compradores extranjeros, lo que impulsaba las exportaciones.

- Inflación y deflación

    El abandono del patrón oro contribuyó a las tasas de inflación y deflación de los distintos países. Algunos países experimentaron inflación debido a la devaluación de su moneda, mientras que otros se enfrentaron a la deflación por la caída de los precios. La inflación y la deflación tuvieron efectos complejos y desiguales en diversos sectores de la economía, lo que dio lugar a ganadores y perdedores en todos los países.

- Desequilibrios comerciales

  Las devaluaciones y fluctuaciones monetarias perturbaron el comercio internacional. Algunos países que devaluaron sus monedas obtuvieron ventajas en los mercados de exportación, mientras que otros vieron cómo sus exportaciones se encarecían. Surgieron desequilibrios comerciales, ya que los países con monedas fuertes (normalmente los que seguían con el patrón oro) se enfrentaban a una menor competitividad de sus exportaciones, mientras que los que tenían monedas más débiles se beneficiaban.

- Inestabilidad económica mundial

  El abandono del patrón oro contribuyó a la incertidumbre e inestabilidad económica a escala mundial. Las devaluaciones y fluctuaciones de las monedas dificultaban a las empresas y a los inversores predecir los tipos de cambio y planificar el futuro. La incertidumbre obstaculizó la inversión y el comercio internacional, agravando los problemas económicos. Diferentes países aplicaron sus propias políticas monetarias y económicas, sin un enfoque unificado. La falta de cooperación internacional dificultó la resolución eficaz de la crisis económica mundial.

El impacto de dejar atrás el oro

Los países europeos abandonaron el patrón oro, principalmente para hacer frente a las turbulencias económicas y a la inestabilidad financiera. Los efectos que esta decisión tuvo en cada país variaron mucho entre sí.

El Reino Unido se enfrentaba a graves problemas económicos, como una elevada tasa de desempleo y el decaimiento de la producción industrial. Abandonó el patrón oro el 21 de septiembre de 1931, en un esfuerzo por devaluar la libra y hacer más competitivas sus exportaciones. El abandono del patrón oro provocó la devaluación de la libra, lo que hizo más atractivos los productos británicos. Impulsó las exportaciones, pero contribuyó a la inestabilidad mundial, ya que otros países reaccionaron ante la devaluación[59].

Alemania también abandonó el patrón oro en 1931. La decisión se caracterizó por devaluaciones y fluctuaciones del valor de la moneda, en

---

[59] Brain, J. (2023, 28 de diciembre). *La Gran Depresión*. Extraído de Historic UK.com: https://www.historic-uk.com/HistoryUK/HistoryofBritain/Great-Depression/.

un momento en que Alemania se enfrentaba a retos económicos.

Los países abandonaron el patrón oro para devaluar su moneda y proteger su economía local de la competencia extranjera. Fueron un paso más allá, adoptando políticas proteccionistas, incluidos los aranceles. Estas medidas empeoraron la situación, al reducir aún más el comercio internacional, y agudizaron la crisis económica mundial. Estas decisiones repercutieron en el comercio internacional y en las relaciones financieras[60].

Emergencias de la banca europea

Los bancos europeos se enfrentaron a un sinfín de problemas durante la Gran Depresión. Estaban estrechamente conectados con los estadounidenses a través de préstamos e inversiones. Cuando el sistema bancario estadounidense se enfrentó a graves problemas, contagió a los bancos europeos, agravando sus dificultades financieras.

Con la recesión económica, el valor de muchos activos en manos de los bancos europeos, como acciones y carteras inmobiliarias, se desplomó. Esto provocó pérdidas considerables para las instituciones financieras, erosionando su capital y su solvencia. Muchos bancos europeos tenían deudas emitidas por gobiernos, empresas y particulares, y todo se hacía más incierto a medida que se agravaba la Gran Depresión. La incapacidad de los deudores para hacer frente a sus obligaciones se tradujo en pérdidas significativas para los bancos[61].

Las quiebras generalizadas y la agitación económica redujeron la confianza en el sistema financiero. Esta falta de confianza dificultó que los bancos captaran depósitos o reunieran capital para estabilizar su posición. Las quiebras bancarias y las dificultades económicas alimentaron el malestar social y en algunos casos contribuyeron al surgimiento de movimientos políticos extremistas[62].

---

[60] Mediawiki. (2023, 28 de diciembre). *Abandono del patrón oro en el periodo de entreguerras*. Extraído de Mediawiki.midlebury.edu:
https://mediawiki.middlebury.edu/IPE/Abandonment_of_Gold_Standard_during_Inter-War_Period.

[61] Wurm, S. (2017, 2 de julio). *La Gran Depresión: Crisis del Credit-Anstalt 1931*. Extraído de Central European Economic and Social History.com:
http://centraleuropeaneconomicandsocialhistory.com/the-great-depression-credit-anstalt-crisis-1931.

[62] Enciclopedia.com. (2023, 28 de diciembre). *Europa, Gran Depresión*. Extraído de

Una guerra comercial internacional

La Ley Arancelaria Smoot-Hawley fue un detonador que estalló en una guerra comercial de grandes proporciones. El arancel tuvo un impacto muy perjudicial en el comercio internacional. Dado que Estados Unidos era uno de los principales actores de la economía mundial, el aumento de los aranceles sobre una amplia gama de productos afectó negativamente a muchas naciones.

Así, se inició una guerra comercial. Muchos países, entre ellos Canadá, países europeos y socios comerciales de América Latina, aplicaron sus propias medidas proteccionistas y aranceles de represalia contra las importaciones estadounidenses. Este entorno comercial de represalias ahogó aún más el comercio internacional e impidió la recuperación económica[63].

Los exportadores estadounidenses se enfrentaron a graves problemas debido a los aranceles. A medida que los mercados extranjeros se volvían menos accesibles debido a las represalias de los otros países, las exportaciones estadounidenses disminuían, lo que provocaba una menor demanda de productos estadounidenses.

Las políticas proteccionistas de la Ley Arancelaria Smoot-Hawley empeoraron la recesión económica general de la Gran Depresión. La contracción del comercio internacional agravó la crisis económica mundial. Redujo el crecimiento económico, aumentando el desempleo y las dificultades económicas en muchos países. Se consideró una violación del principio de libre comercio y de los acuerdos comerciales internacionales, que contribuyó a las tensiones diplomáticas y creó una atmósfera de nacionalismo económico[64].

Alternativas siniestras

El capitalismo no conseguía resolver los problemas de Europa durante la Gran Depresión, por lo que empezaron a aparecer soluciones alternativas. Estas soluciones ofrecían medios drásticos para remediar la

---

Encyclopedia.com: https://www.encyclopedia.com/economics/encyclopedias-almanacs-transcripts-and-maps/europe-great-depression.

[63] Nicole, A. (2023, 10 de octubre). *Ley Arancelaria Smoot-Hawley: Patriotismo económico y su impacto en la Gran Depresión*. Extraído de Spermoney.com: https://www.supermoney.com/encyclopedia/smoot-hawley-tariff-act.

[64] Britannica.com. (2023, 28 de diciembre). *Ley Arancelaria Smoot-Hawley*. Extraído de Britannica.com: https://www.britannica.com/topic/Smoot-Hawley-Tariff-Act.

situación y, aunque parecían ayudar, eran antidemocráticas y autoritarias. Los movimientos más destacados durante esta época fueron el comunismo y el fascismo.

La Gran Depresión bajo Stalin

Aunque la Unión Soviética comunista fue un sufrimiento indecible para muchos, la nación, bajo el liderazgo de Joseph Stalin, paradójicamente se benefició de esta catástrofe económica. La Unión Soviética estaba relativamente aislada de las naciones capitalistas. Mientras las economías occidentales se hundían en el caos, las políticas autárquicas de la Unión Soviética se convirtieron en una ventaja para su economía. A finales de los años veinte, el gobierno de Stalin ya se había embarcado en una senda de industrialización forzosa y colectivización, cuyo objetivo era modernizar rápidamente las infraestructuras y la agricultura del país.

La recesión económica en Occidente brindó a la Unión Soviética la oportunidad de implementar políticas drásticas sin interferencias externas. El primer plan quinquenal (1928-1932) vio la expansión de la industria pesada, particularmente en sectores como el acero, el carbón y la maquinaria, que sentó las bases del poderío industrial de la Unión Soviética en décadas posteriores.

La Unión Soviética buscó cooperar económicamente con las naciones capitalistas para asegurar su supervivencia. La Gran Depresión supuso un incentivo para que los países occidentales entablaran relaciones con la Unión Soviética, aunque ello significara tolerar temporalmente el régimen comunista. A pesar de la naturaleza autoritaria del régimen de Stalin y su flagrante desprecio por los derechos humanos, Estados Unidos reconoció diplomáticamente a la Unión Soviética como nación en 1933. El acercamiento a la dictadura fue impulsado por el deseo de tener acceso al mercado soviético, en particular para los productos industriales estadounidenses.

El sector agrícola de la Unión Soviética sufrió una transformación radical durante la década de 1930. El primer plan quinquenal tuvo terribles consecuencias. La hambruna del Holodomor, en Ucrania, mató a millones de personas y envió a comunidades enteras al exilio en Siberia y a campos de trabajo. Aunque las políticas de colectivización se aplicaron con dureza y crearon tragedias humanas a gran escala, también permitieron a la Unión Soviética aumentar la productividad agrícola. La colectivización permitió la mecanización de la agricultura, lo que impulsó la producción de grano y las exportaciones, ayudando a la Unión Soviética a asegurarse las divisas.

El régimen de Stalin utilizó hábilmente la Gran Depresión para promover el comunismo soviético como alternativa viable al capitalismo. La capacidad de la Unión Soviética para sortear la crisis se presentó como un triunfo del sistema socialista, a pesar de que el número de muertos era asombroso[65].

Fascismo

La Gran Depresión también contribuyó al auge del fascismo en Italia y Alemania. La desesperación económica y la desilusión política empujaron a muchos hacia ideologías extremistas. Benito Mussolini y Adolf Hitler aprovecharon las circunstancias mediante la propaganda, el liderazgo carismático, el nacionalismo y la represión de la oposición. Ambos explotaron la crisis económica para promover sus ideologías extremistas y llegar al poder.

- Italia

Italia fue uno de los países más afectados durante la Gran Depresión. El sistema político parecía incapaz de abordar los problemas del desempleo y la inestabilidad económica, lo que provocó un descontento generalizado.

Benito Mussolini se aprovechó de este descontento. Prometió restaurar la grandeza de Italia mediante un gobierno autoritario. También prometía volver al militarismo y al expansionismo.

El dictador italiano utilizó hábilmente la propaganda para crear una imagen de sí mismo como salvador de Italia. Presentó el fascismo como una alternativa dinámica y patriótica al fallido sistema democrático. El gobierno italiano invirtió grandes sumas en obras públicas para estimular el crecimiento económico y reducir el desempleo. Estos proyectos incluían la construcción de carreteras, edificios públicos y puentes, que daban empleo a muchos italianos desesperados. Mussolini estableció el concepto de «estado corporativo», en el que los

---

[65] Bennet Sherry, P. (2023, 28 de diciembre). *La Gran Depresión global*. Obtenido de Khan Academy: https://www.khanacademy.org/humanities/whp-1750/xcabef9ed3fc7da7b:unit-7-interwar-and-world-war-ii/xcabef9ed3fc7da7b:7-1-totalitarianism-or-liberal-internationalism/a/read-global-great-depression-beta1.

diferentes sectores de la economía se organizaban en entidades corporativas para promover la colaboración entre los trabajadores y la patronal. El régimen controlaba los sindicatos y reprimía las huelgas para mantener la estabilidad y garantizar el buen funcionamiento de la economía[66].

Aunque Italia experimentó algunos avances económicos durante la Gran Depresión, fueron limitados y muy costosos. El régimen fascista de Mussolini aplicó políticas encaminadas a reforzar la economía italiana, pero sus logros se vieron eclipsados por las ambiciones autoritarias del régimen.

- Alemania

Las duras condiciones del Tratado de Versalles tras la Primera Guerra Mundial agravaron los problemas económicos de Alemania. Adolf Hitler y el Partido Nazi explotaron esta desesperación económica, prometiendo reconstruir la economía alemana, restaurar el orgullo nacional y eliminar a los enemigos del pueblo alemán.

Hitler y los nazis promovieron una forma extrema de nacionalismo, haciendo hincapié en la supremacía aria y la expansión territorial. Difundieron la idea de que el comunismo y el pueblo judío eran amenazas para Alemania. Una combinación de éxito electoral y maniobras políticas ocultas consiguió que Hitler se convirtiera en canciller en 1933.

Alemania experimentó un complejo conjunto de acontecimientos económicos durante la Gran Depresión, que incluyó ganancias e importantes desafíos. Hitler inició proyectos de obras públicas, como la construcción de autopistas, estadios y edificios públicos. Estos proyectos redujeron el desempleo. Hjalmar Schacht, nombrado presidente del Reichsbank, puso en marcha reformas financieras que estabilizaron la moneda y redujeron la inflación.

Gran parte de la recuperación económica de Alemania se debió a los esfuerzos de rearme y al gasto militar. El gobierno de Hitler invirtió grandes sumas en el fortalecimiento del ejército alemán, lo que condujo

---

[66] Prativadi, J. (2015, 17 de febrero). *¿Cómo afectó la Gran Depresión a Italia?* Obtenido de Prezi.com: https://prezi.com/py8yiawrr64j/how-did-the-great-depression-affect-italy/.

a la expansión de las fuerzas armadas y de la industria de defensa[67].

El hombre tras la máscara

El comunismo y el fascismo aparentaban éxito económico y progreso social, pero todo era una ilusión. Los avances se conseguían a costa de sacrificios sociales espantosos. Detrás de una máscara de bienestar, se escondía un mal que rozaba la locura.

Stalin engañó con maestría. Mintió a los periodistas extranjeros para que creyeran que la Unión Soviética estaba realizando progresos espectaculares, usando la desinformación y la propaganda. A los extranjeros que visitaban el país, se les mostraban ejemplos de progreso cuidadosamente guionados, y se les negaba el acceso a las zonas de represión. Los datos económicos se distorsionaban deliberadamente para mostrar una economía próspera que no existía. La verdad fue magistralmente ocultada. La Unión Soviética experimentó tragedias y desastres humanos durante la Gran Depresión, muchos de los cuales fueron el resultado de políticas y acciones gubernamentales.

El rápido impulso de industrialización del primer plan quinquenal provocó numerosos accidentes laborales y condiciones de trabajo inseguras. Los trabajadores se enfrentaban a entornos peligrosos y no había normas de seguridad. El sistema *gulag* de mano de obra barata aportaba la mano de obra para los proyectos industriales. Las condiciones en estos campos eran muy duras: trabajos forzados, alimentación inadecuada y malas condiciones de vida.

Aunque el gobierno soviético alardeaba de sus logros económicos durante la Gran Depresión, la rápida industrialización generó desequilibrios económicos y desigualdades entre las zonas urbanas y rurales. El primer plan quinquenal trastornó la vida rural tradicional y provocó la separación de muchas familias. Muchas personas fueron detenidas, encarceladas o ejecutadas, lo que provocó la desintegración de familias y comunidades.

Mussolini y Hitler no eran mejores. El régimen de Mussolini eliminó la oposición política, disolvió los partidos políticos rivales y estableció un estado totalitario. Su represión de la disidencia fue implacable; utilizó la policía secreta y la censura. Los nazis desmantelaron sistemáticamente las instituciones democráticas, silenciaron a los partidos de la oposición y

---

[67] Facing History.org. (2016, 2 de agosto). La batalla por el trabajo. Recuperado de Facinghistory.org: https://www.facinghistory.org/resource-library/battle-work.

persiguieron a los grupos minoritarios, especialmente a los judíos y a los disidentes políticos. La Gestapo y los campos de concentración desempeñaron un papel fundamental en la imposición de la ideología nazi. La opresión se ocultó tras políticas deliberadas de desinformación que hacían parecer héroes a Mussolini y Hitler. Es difícil decir cuánto sabía Roosevelt de lo que ocurría en el extranjero, pero probablemente el presidente era informado por sus asesores y embajadores de lo que hacían los regímenes autoritarios en Europa.

El propio presidente estadounidense se vio obligado a caminar por una línea muy delgada. Roosevelt propuso cambios drásticos, pero tuvo que respetar los controles y equilibrios inherentes al sistema político estadounidense. Sin duda, era plenamente consciente de que cualquier error podía provocar un giro radical de la sociedad hacia la derecha o hacia la izquierda. Afortunadamente, fue capaz de realizar cambios significativos sin destruir la democracia estadounidense.

Capítulo 9: Las artes en la Gran Depresión

La Gran Depresión contribuyó significativamente a las artes en Estados Unidos. Escritores, artistas y cineastas utilizaron sus creaciones para expresarse, comentar y, a veces, escapar de la dura realidad. En la década de 1930 surgieron diversas formas de arte que enriquecieron a la sociedad estadounidense.

Los dones de la WPA

La Administración para el Progreso de las Obras (WPA, por sus siglas en inglés) fue ridiculizada por críticos como «*We Play Around*». Se decía que era un plan de trabajo y que no servía para gran cosa. Se trata de una apreciación inexacta. Estos programas del *New Deal* no solo supusieron un alivio económico para artistas y trabajadores de la cultura, sino que también contribuyeron a la preservación y promoción de la cultura estadounidense durante un periodo difícil. Dejaron un legado cultural perdurable al apoyar la creación de arte público, fomentar el talento artístico y hacer las artes accesibles a un público más amplio.

Iniciativas artísticas

El Proyecto Federal de Arte (FAP, por sus siglas en inglés), el Proyecto Federal de Teatro (FTP, por sus siglas en inglés), el Proyecto Federal de Música (FMP, por sus siglas en inglés) y el Proyecto Federal de Escritores (FWP, por sus siglas en inglés) eran agencias de la WPA cuyo objetivo era emplear a artistas, escritores, músicos y profesionales del teatro durante la Gran Depresión. Cada uno de estos programas tuvo sus propios logros y contribuciones significativas a la cultura estadounidense.

- Proyecto Federal de Arte (FAP): El FAP se creó en 1935. Hasta diez mil artistas fueron contratados por el FAP a lo largo de su existencia. El programa creó obras de arte público, murales, carteles y esculturas que llamaban la atención sobre los espacios públicos y celebraban la cultura y la historia estadounidense. Se crearon más de 200.000 obras; algunas de ellas están entre las obras de arte más significativas de la historia estadounidense.

Los murales de la Torre Coit de San Francisco son un logro notable de la FAP. Representan diversos aspectos de la vida y la sociedad californiana durante la Gran Depresión. El Proyecto de Artesanía de Milwaukee fue otro éxito que llegó a emplear a más de cinco mil trabajadores no cualificados.

- Proyecto Federal de Música (FMP): El FMP financiaba actuaciones, programas de educación musical y nuevas composiciones. Su objetivo era garantizar que la música siguiera siendo accesible al público en tiempos de dificultades económicas mediante la contratación de músicos, compositores, directores de orquesta y educadores musicales.

En última instancia, los esfuerzos del FMP se tradujeron en una mejora de la calidad de la interpretación musical. El proyecto fomentó la creación de nuevas composiciones, creando un corpus permanente de obras orquestales inéditas, preservando y haciendo progresar la música estadounidense[68].

- Proyecto Federal de Teatro (FTP): Esta fue otra iniciativa de la WPA que empleó a actores, dramaturgos y directores para crear y representar una amplia gama de producciones teatrales.

La directora nacional del FTP fue Hallie Flanagan. Convirtió el FTP en una federación de teatros regionales de todo el país, lo que permitió a millones de estadounidenses ver teatro en directo por primera vez.

---

[68] Enciclopedia.com. (2023, 28 de diciembre). *Proyecto Federal de Música (FMP)*. Obtenido de Encyclopedia.com: https://www.encyclopedia.com/economics/encyclopedias-almanacs-transcripts-and-maps/federal-music-project-fmp

La FTP empleó a quince mil hombres y mujeres. Produjo varias obras teatrales, incluyendo obras clásicas, nuevas obras y teatro experimental. Una producción importante fue *The Cradle Will Rock*, de Marc Blitzstein. Dirigido por Orson Welles, este drama musical de gran carga política ponía de relieve las luchas de los trabajadores durante una huelga laboral. Las producciones del FTP, atrevidas y socialmente relevantes, pretendían atraer y educar al público.

- Proyecto Federal de Escritores (FWP): El FWP empleaba a escritores, incluidos periodistas, historiadores y novelistas, para documentar y registrar la vida y la cultura estadounidenses. Los escritores produjeron historias orales y otras obras literarias para preservar el patrimonio cultural de la nación.

La American Guide Series, creada por el FWP, incluía guías de viaje específicas de cada estado. La *New York City Guide* (1939) es un ejemplo muy conocido. Estas guías proporcionaban valiosa información para viajeros y captaban el carácter único y la historia de diversas regiones de Estados Unidos.

Muchas culturas locales estaban muriendo a medida que la urbanidad dominaba la historia de los estadounidenses rurales menos sofisticados. El FWP centró su atención en los que pronto serían olvidados, produciendo el mayor corpus de narraciones en primera persona jamás recopilado. Se grabaron más de 10.000 entrevistas.

Las historias orales más significativas surgieron de conversaciones con más de dos mil personas anteriormente esclavizadas. Uno de los problemas que se planteó fue que las hicieran entrevistadores blancos. Los ancianos afroamericanos podrían haber dudado en contar las historias más desgarradoras de su esclavitud, y los blancos podrían haber querido restar importancia a la esclavitud para adaptarse a las nociones racistas de la época. Sin embargo, hubo escritores negros en las «Unidades Negras» que mantuvieron conversaciones con antiguos esclavos en Virginia, Luisiana y Florida. A pesar de esos retos, el FWP creó el mayor archivo de relatos en primera persona de personas esclavizadas, que están disponibles en línea en la Biblioteca del Congreso de Estados Unidos[69].

Logros artísticos

La Gran Depresión dejó considerables regalos culturales al pueblo estadounidense; muchos de ellos se consideran clásicos en sus respectivos géneros. La amarga realidad de la vida cotidiana inspiró a autores, pintores y dramaturgos a expresar sus pensamientos sobre la condición humana contemporánea.

John Steinbeck es considerado uno de los mejores autores de Estados Unidos. Es célebre por sus novelas poderosas y socialmente relevantes, que captaban las luchas de los estadounidenses comunes y corrientes. Su obra maestra, *Las uvas de la ira* (1939), narra el viaje de una familia hacia el oeste durante el *Dust Bowl*, ofreciendo una conmovedora descripción de los trabajadores migrantes y la pobreza. No fue su única obra inspirada en la Depresión. La novela de Steinbeck *De ratones y hombres* (1936) sigue la vida de dos trabajadores de rancho desplazados, George y Lennie, que sueñan con una vida mejor mientras luchan por sobrevivir.

Langston Hughes fue un destacado poeta y escritor afroamericano durante el Renacimiento de Harlem, y su poesía floreció durante la Gran Depresión. Sus poemas exploraban a menudo las experiencias de los afroamericanos y el sueño americano en general. *Let America Be America Again* (1936) refleja la desilusión y la esperanza de la época.

Los artistas florecieron gracias a la generosidad de la FAP. Grant Wood, creador del icónico *American Gothic* (1930), fue una figura destacada del movimiento artístico regionalista estadounidense, y lo mismo puede decirse de Thomas Hart Benton. Los realistas urbanos, como Isabel Bishop y Reginald Marsh, celebraron la urbanidad de estados Unidos[70].

Los murales tuvieron un profundo impacto en el arte estadounidense durante la Gran Depresión. Fueron un poderoso medio de discusión social y política que permitió a los artistas llegar a un público más amplio y abordar temas importantes de la época. Diego Rivera, un artista

---

[69] Barnett, C. (2022, 13 de enero). El Proyecto Federal de Escritores: Explorando «El mayor proyecto literario de la historia». Obtenido de Bookriot.com: https://bookriot.com/federal-writers-project/.

[70] Meyer, I. (2022, 25 de febrero). *Una mirada al arte y los artistas estadounidenses de la década de 1930, después de la caída*. Obtenido de Artincontext.org: https://artincontext.org/1930s-art/.

mexicano, desempeñó un papel fundamental en la formación del movimiento muralista en Estados Unidos. Sus murales, como los del Instituto de Arte de Detroit, representan temas industriales y sociales, a menudo centrados en el trabajo y los derechos de los trabajadores.

Industria de Detroit, muro norte, de Diego Rivera'

El poder del cine

El cine era un medio de evasión para muchos estadounidenses, pero en este momento fue algo más que fantasía. El cine desempeñó un papel crucial como expresión del arte durante la Gran Depresión, y su importancia fue mucho más allá del mero entretenimiento. Las películas eran un medio para captar el espíritu de la época, ofreciendo evasión, críticas y un reflejo de las luchas y aspiraciones del pueblo estadounidense.

Los cineastas comentaban los problemas sociales y económicos de la época. Sus películas exploraban temas como el desempleo, la pobreza, la desigualdad y el impacto humano de la Gran Depresión. Películas como *Las uvas de la ira* (1940) retrataban la lucha de los migrantes del Dust Bowl y constituían un poderoso comentario social sobre la pobreza y el desplazamiento de las personas.

Frank Capra fue un cineasta conocido por sus películas con conciencia social. *El Sr. Smith va a Washington* (1939) es un buen ejemplo, ya que aborda la corrupción política y el poder del individuo en una democracia. *Tiempos modernos* (1936), dirigida y protagonizada por Charlie Chaplin, aborda los efectos deshumanizadores de la industrialización y el desempleo. El icónico personaje de Chaplin, el vagabundo, simboliza la resistencia ante la adversidad.

Aunque muchas películas describían las luchas de la época, también solían destacar temas como la esperanza, la resistencia y el triunfo del espíritu humano. Estos temas calaron en el público y sirvieron como fuente de inspiración en tiempos difíciles[71].

Teatro en vivo

Las producciones teatrales se basaban en la realidad social, y el FTP permitió la fundación de nuevas compañías teatrales. Las compañías de teatro afroamericanas, en particular, se beneficiaron de la inversión gubernamental.

Muchos dramaturgos e intérpretes utilizaron el escenario para abordar problemas sociales acuciantes. Un ejemplo destacado es *Waiting for Lefty* (1935). Esta obra, escrita por Clifford Odets, describía las luchas de los taxistas de Nueva York y su sindicato. Fue una poderosa llamada a la acción en favor de los derechos de los trabajadores y la justicia social[72].

Política y comunismo en las artes

Durante la Gran Depresión, los cines ofrecían varias películas, y los dibujos animados se proyectaban antes y después de los largometrajes. Un corto animado, *Confidence*, ofrecía una breve descripción de las causas de la Gran Depresión y de cómo salir de ella[73]. Otro, *Mr. Nobody for President*, hablaba de la frustración que sentían los estadounidenses[74].

Estos dos dibujos animados son ejemplos de películas utilizadas como crítica. En las comedias de los hermanos Marx se criticaba a los ricos y en el cine se podían encontrar sutiles apoyos a los derechos laborales.

---

[71] Cravens, H. (2009). *La Gran Depresión: Las películas de Hollywood y la comunidad estadounidense*. Extraído de Omnilogos.com: https://omnilogos.com/great-depression-hollywood-movies-and-american-community/.

[72] Supersumario.com. (2023, 28 de diciembre). *Esperando a Zurdo*. Extraído de Supersummary.com: https://www.supersummary.com/waiting-for-lefty/summary/.

[73] *Confianza*. https://www.youtube.com/watch?v=VjGTCchapOk.

[74] *Mr. Nobody for President*. https://www.youtube.com/watch?v=Z80BrugnLVs.

La gente del arte tiende a ser idealista, por lo que las inclinaciones liberales son comunes. Durante la Gran Depresión, artistas y autores se inspiraron en los problemas sociales a los que se enfrentaba la gente corriente. Así, sus sentimientos se inclinaban hacia el socialismo y el comunismo.

Muchos artistas e intelectuales fueron testigos directos del sufrimiento de la clase trabajadora y los pobres, y el comunismo ofrecía una visión de igualdad económica y redistribución de la riqueza, que resonaba con sus preocupaciones. La Gran Depresión se caracterizó por las desigualdades sociales, la discriminación racial y la explotación laboral. La ideología comunista prometía resolver estas injusticias estableciendo una sociedad sin clases. El comunismo criticaba duramente al capitalismo, culpándolo del colapso económico de la Gran Depresión.

La década de 1930 fue una época de intenso debate intelectual y político, y las ideas comunistas se discutieron y debatieron activamente. La Unión Soviética, bajo el liderazgo de Joseph Stalin, era vista por algunos como un bastión de los ideales socialistas y de la resistencia contra el fascismo. Esto influyó en algunos artistas e intelectuales para alinearse con el comunismo o los movimientos socialistas.

Durante la Gran Depresión, algunos artistas y escritores abrazaron abiertamente las ideas comunistas y las incorporaron a sus obras. El empleo en la WPA les permitió compartir sus creencias con el público estadounidense. Estos artistas a menudo crearon obras críticas del capitalismo y promovieron la igualdad social y económica.

Muchos artistas y escritores eran idealistas y creían en el poder de las ideas para provocar el cambio social. El comunismo ofrecía una visión utópica de una sociedad más justa y equitativa, que apelaba a su sentido del idealismo y al deseo de contribuir a un mundo mejor. Es esencial comprender que, aunque el comunismo influyó en sus decisiones creativas, muchos de estos artistas no eran miembros formales del partido[75].

El grabado también ayudó a difundir el mensaje del comunismo al público en general. Las caricaturas políticas que se publicaban en revistas y periódicos contaban historias de injusticia social y trataban otros temas

---

[75] Britannica.com. (2023, 28 de diciembre). *Movimientos políticos y cambio social*. Obtenido de Britannica.com: https://www.britannica.com/money/topic/Great-Depression/Political-movements-and-social-change.

sociopolíticos[76].

Defensores del proletariado

Entre los destacados artistas y escritores estadounidenses con simpatías comunistas o socialistas figuran Langston Hughes, John Steinbeck, Dorothea Lange y Diego Rivera. Sus obras reflejaban las luchas de la clase trabajadora y de las personas en situación de pobreza. Estos miembros de la comunidad artística abogaron por el cambio social.

- Langston Hughes

   Langston Hughes simpatizaba con las ideas comunistas, pero no era miembro del Partido Comunista. Estaba profundamente comprometido con la justicia racial y social. Hughes utilizó su poesía y sus escritos para abordar la desigualdad racial, la pobreza y las luchas de la clase trabajadora. Su obra describía a menudo las experiencias de los afroamericanos y las injusticias a las que se enfrentaban, lo que coincidía con muchos de los ideales del Partido Comunista. Hughes y otros escritores y artistas afroamericanos asociados con el Renacimiento de Harlem vieron aliados potenciales en el movimiento comunista, ya que compartían el compromiso de luchar contra la discriminación racial y la desigualdad económica.

   La asociación de Hughes con el comunismo influyó notablemente en su obra. Su poesía, en particular, reflejaba los temas de la lucha social y económica, la vida de la clase trabajadora y los sueños y aspiraciones de los afroamericanos. Algunos de sus poemas, como *Good Morning, Revolution*, abrazan explícitamente los ideales comunistas de cambio social y revolución.

- John Steinbeck

   Al igual que Hughes, John Steinbeck no era miembro formal del partido. Era conocido por su empatía hacia la difícil situación de la clase trabajadora. Sus novelas retrataban la lucha de la gente corriente ante las dificultades económicas, la

---

[76] Rudnik, A. (2023, 18 de septiembre). *El arte de la Gran Depresión*. Obtenido de 82nd-and-fifth.metmuseum.org: https://82nd-and-fifth.metmuseum.org/perspectives/articles/2023/9/the-art-of-the-great-depression.

explotación laboral y la injusticia social. Estos temas coincidían con las preocupaciones del Partido Comunista, que abogaba por los derechos de los trabajadores y la igualdad social.

A lo largo de su carrera, Steinbeck escribió extensamente sobre temas sociales y económicos, y a menudo abordó la desigualdad y la injusticia que sufren los grupos marginados y privados de derechos. Aunque nunca apoyó explícitamente el comunismo, su obra reflejaba un deseo de reforma social y una crítica del *statu quo*.

Steinbeck se relacionó con personas y grupos que simpatizaban con las ideas socialistas y de izquierda. Mantuvo amistades e interacciones con escritores, artistas e intelectuales de ideas políticas izquierdistas.

- Dorothea Lange

Dorothea Lange, fotógrafa estadounidense famosa por su fotografía documental, tenía conexiones con círculos progresistas y de izquierda, incluido el Partido Comunista. Sus creencias sociales y políticas influyeron en su trabajo. Fue miembro de la Photo League, un grupo de fotógrafos de Estados Unidos conocidos por su trabajo documental con conciencia social.

La fotografía de Lange se centró en documentar las penurias y luchas de las comunidades marginadas y empobrecidas, como los trabajadores migrantes, los aparceros y las familias desplazadas. Sus imágenes retrataban vívidamente el costo humano de las desigualdades económicas y sociales. Muchas de sus fotografías se consideran poderosas críticas visuales al sistema económico, que resonaron con las preocupaciones de los grupos de izquierda.

Las imágenes de Lange se caracterizaban por un fuerte sentido de la empatía y el humanismo. Creía que la fotografía debía servir como herramienta para el cambio social y defendía el uso de la narración visual para concienciar sobre la injusticia y la desigualdad. Su capacidad para captar la humanidad en sus retratos, incluso en las circunstancias más extremas, hizo que su obra fuera muy efectiva para llamar la atención sobre la lucha de los marginados.

La madre migrante, de Dorothea Lange[ii]

- Diego Rivera

Diego Rivera, muralista y pintor mexicano, fue miembro del Partido Comunista Mexicano. Participó activamente en movimientos políticos de izquierda durante toda su vida. Sus creencias comunistas influyeron en su arte, que utilizó para promover ideas socialistas y revolucionarias.

Muchos de los murales de Rivera representan escenas de lucha social, la historia de México y la explotación de los trabajadores. Su arte era una forma de propaganda de la Revolución mexicana y del movimiento comunista internacional. Creía que el arte debía servir a un propósito social y político, y utilizó su talento para concienciar sobre las injusticias y desigualdades sociales.

Las pinturas y murales de Rivera suelen tratar temas relacionados con la lucha de clases, los derechos de los trabajadores y la difícil situación de los pobres y oprimidos.

Incorporó a su obra elementos del arte y la propaganda soviéticos, como el uso de figuras audaces y heroicas y símbolos revolucionarios.

No todos los artistas e intelectuales de la Gran Depresión eran comunistas o socialistas; en aquella época había una amplia gama de creencias políticas y estilos artísticos. Sin embargo, las dificultades económicas y las desigualdades sociales provocaron un mayor interés por las ideologías de izquierda y fomentaron el activismo político dentro de la comunidad artística.

La WPA disminuyó gradualmente a medida que Estados Unidos salía de la Gran Depresión y comenzaba la Segunda Guerra Mundial. El programa finalizó oficialmente en 1943, pero dejó un legado de participación gubernamental en las artes que continúa hoy en día.

Las artes durante la Gran Depresión sirvieron como espejo que reflejaba las duras realidades de la época, pero también como ventana a las aspiraciones y la resistencia del pueblo estadounidense. A través del cine, la pintura, la escultura, el teatro, las caricaturas políticas y la poesía, los artistas hicieron importantes contribuciones a la sociedad, ofreciendo críticas, consuelo e inspiración en uno de los periodos más oscuros de la historia de Estados Unidos. Esos esfuerzos creativos siguen siendo un testimonio del perdurable espíritu humano frente a la adversidad.

Capítulo 10: El final y el legado

La Gran Depresión terminó debido a una combinación de factores y acontecimientos que se desarrollaron a lo largo de varios años. La cronología exacta y las causas del final de la Gran Depresión son objeto de continuo debate entre economistas e historiadores.

El final de la Gran Depresión fue un proceso gradual, y su calendario exacto y sus causas variaron según la región y los indicadores económicos. Aunque la Segunda Guerra Mundial ayudó a poner fin a la Gran Depresión en Estados Unidos y otros países implicados en la guerra, es importante señalar que no todas las naciones se recuperaron simultáneamente. Algunas regiones siguieron luchando con problemas económicos durante años tras el fin de la Segunda Guerra Mundial.

Las políticas del *New Deal* aplicadas por el presidente Franklin D. Roosevelt allanaron el camino para la eventual reactivación económica. Estas políticas incluían programas de obras públicas, regulación financiera y redes de seguridad social. Aunque no acabaron con la Gran Depresión por sí solas, proporcionaron alivio y apoyo a millones de personas.

He aquí dos razones que muchos historiadores y economistas atribuyen al fin de este periodo de la historia.

- La Segunda Guerra Mundial

El estallido de la Segunda Guerra Mundial fue un factor importante para poner fin a la Gran Depresión. El esfuerzo bélico condujo a un aumento masivo del gasto público en producción militar e infraestructuras. Este aumento de efectivo creó puestos de trabajo y estimuló la producción industrial, poniendo fin a la baja actividad económica y a las altas tasas de desempleo que caracterizaron la Gran Depresión.

A pesar de los considerables esfuerzos del gobierno, el desempleo en Estados Unidos era del 14,6 % en 1940. En pocos años, esa cifra se redujo al 1,2 % y el producto interno bruto se duplicó.

La Segunda Guerra Mundial fue la causa de estas espectaculares mejoras. Estados Unidos se había convertido en la fortaleza de la democracia y suministraba a los Aliados municiones y mano de obra para luchar en la guerra. Además, los resultados de la guerra impulsaron aún más el progreso de la economía después de que callaron las armas. Los avances tecnológicos y el aumento de la productividad durante la guerra contribuyeron al crecimiento económico de la posguerra.

Estas innovaciones tuvieron un impacto duradero en las industrias y aumentaron la eficiencia económica general. A medida que la gente encontraba empleo y aumentaban los ingresos, los consumidores tenían dinero para gastar. Sin embargo, la concentración de la producción en tiempos de guerra significaba que había menos bienes de consumo disponibles, lo que, a su vez, provocó una demanda reprimida de los consumidores cuando terminó la guerra. El aumento del gasto de los consumidores en la posguerra impulsó aún más el crecimiento económico[77].

Los defensores del argumento de que la Segunda Guerra Mundial puso fin a la Gran Depresión sostienen que el aumento masivo del gasto público condujo al final de la Gran Depresión y a la prosperidad de posguerra. Algunos críticos tienen una explicación alternativa. Argumentan que no fue el aumento del gasto público, sino un cambio de actitud. Antes de la guerra, la administración Roosevelt había mantenido una relación de confrontación con las grandes empresas, argumentando que eran necesarios cambios para poner fin a los problemas económicos. El enfoque antiempresarial del gobierno se vio obligado a terminar cuando las fuerzas armadas necesitaron más municiones para luchar en la guerra. Roosevelt confió en grandes empresas como General Motors para que le proporcionaran los tanques

---

[77] Fulmer, R. W. (2009, 23 de octubre). *La Segunda Guerra Mundial puso fin a la Gran Depresión*. Obtenido de Foundation for Economic Education: https://fee.org/articles/world-war-ii-ended-the-great-depression/.

necesarios para ganar la lucha en el campo de batalla.

Además, la dinámica de ensayo y error que caracterizó al *New Deal* dificultó la recuperación completa. Los años de guerra produjeron una base consistente que convirtió a Estados Unidos en la potencia económica dominante que es hoy en día[78].

No obstante, las condiciones que trajo consigo la Segunda Guerra Mundial contribuyeron significativamente a la prosperidad. La gente cobraba regularmente, y el racionamiento y la escasez relacionados con la guerra no les permitían gastar libremente. Una vez terminada la guerra, esas restricciones desaparecieron y la demanda de los consumidores aumentó. Lo único que tuvieron que hacer las empresas fue pasar de la producción bélica a los artículos de consumo.

- El efecto Keynes

Antes de la Gran Depresión, la economía era principalmente un tema académico. Se convirtió en un tema de gran interés cuando la administración Roosevelt y otros políticos intentaron poner fin a la crisis financiera. Uno de los arquitectos de la recuperación final fue John Maynard Keynes.

La economía keynesiana es una teoría y un marco económico creado por el economista británico John Maynard Keynes. Surgió durante la Gran Depresión e influyó significativamente en la forma en que los gobiernos y los políticos abordaron las crisis financieras. La economía keynesiana proponía un enfoque de la gestión de la economía diferente al de las teorías económicas clásicas que prevalecían en la época.

Las teorías económicas clásicas hacían hincapié en que los mercados se corregían a sí mismos de forma natural. La gravedad y la prolongación de la Gran Depresión pusieron en entredicho estas viejas ideas.

Keynes sostenía que las recesiones y depresiones son causadas principalmente por una deficiencia de la demanda agregada, que es el gasto total de la economía. Las personas y las empresas tienden a ahorrar más y a gastar menos en las recesiones económicas, lo que provoca una disminución de la demanda de bienes y servicios.

---

[78] Fulmer, R. W. (2009, 23 de octubre). *La Segunda Guerra Mundial puso fin a la Gran Depresión*. Obtenido de Foundation for Economic Education: https://fee.org/articles/world-war-ii-ended-the-great-depression/.

Para combatir las recesiones económicas, Keynes abogaba por la intervención gubernamental en forma de política fiscal. Argumentaba que el aumento del gasto público y los recortes fiscales durante las recesiones económicas estimulaban la demanda agregada.

La economía keynesiana subraya el valor de las políticas anticíclicas. Los gobiernos deben utilizar medidas fiscales y monetarias para contrarrestar las fluctuaciones naturales de la economía. En épocas de expansión económica, las políticas deben enfriar una economía recalentada, aumentando los tipos de interés y reduciendo el gasto público.

La economía keynesiana influyó en las políticas del *New Deal* de Franklin D. Roosevelt en Estados Unidos. Las iniciativas de creación de empleo, los programas de obras públicas y las redes de seguridad social pretendían aumentar la demanda al tiempo que proporcionaban alivio a los perjudicados por la Gran Depresión.

Los contraargumentos

Aunque la economía keynesiana predominó durante la Gran Depresión e influyó en las respuestas políticas, hubo teorías económicas y escuelas de pensamiento rivales que propusieron soluciones alternativas a los problemas económicos.

Los economistas clásicos creían que los mercados se ajustarían de forma natural y llegarían al equilibrio. Abogaban por una intervención gubernamental limitada. Los economistas de la Escuela austriaca, como Friedrich Hayek, estaban en contra de la intervención gubernamental, y pensaban que las recesiones económicas eran el resultado de intervenciones gubernamentales previas, como la expansión del crédito. Abogaban por un enfoque abstencionista del estado y hacían hincapié en el papel de las fuerzas del mercado.

Keynes sostenía que el gobierno debía gastar más, en lugar de recortar el gasto federal, durante la recesión de 1937-38 para estimular la demanda y crear empleo. Hayek era un poco más reticente, y creía que la intervención del gobierno pospondría el equilibrio. Para él, la intervención gubernamental posponía la recuperación[79]. Hayek siguió argumentando en su obra posterior, *Camino de servidumbre*, que la

---

[79] Dana Galizia, F. P. (2014, 1 de junio). *Conciliando las visiones de Hayek y Keynes sobre las recesiones*. Obtenido de Cepr.org: https://cepr.org/voxeu/columns/reconciling-hayeks-and-keynes-views-recessions.

planificación creada por los programas gubernamentales era una amenaza directa para la empresa privada[80].

Cada lector decide qué economista tenía razón. Sin embargo, es seguro decir que durante la Gran Depresión, la idea de Keynes de aumentar el gasto público puso fin a un considerable sufrimiento humano en Estados Unidos. Recortar el gasto público más tarde, como propuso Hayek, podría haber evitado que la burocracia creada por el *New Deal* se volviera aún más invasiva en la vida estadounidense.

Efectos de la Gran Depresión sobre la política monetaria

La Gran Depresión afectó a la política monetaria, provocando cambios significativos en la forma en que los bancos centrales y los gobiernos gestionaban la economía. Estos cambios fueron impulsados por las lecciones aprendidas de la devastación económica y la necesidad de prevenir una crisis similar en el futuro. He aquí algunas de las repercusiones más importantes de la Gran Depresión sobre la política monetaria:

- El abandono del patrón oro fue un cambio revolucionario de la política monetaria, porque permitió a los bancos centrales utilizar dinero fiduciario y controlar mejor sus monedas, proporcionando flexibilidad a la política monetaria.
- Antes de la Gran Depresión, muchos bancos centrales, incluida la Reserva Federal, seguían un planteamiento relativamente pasivo de la cuestión de la política monetaria. A menudo permitían que la oferta monetaria fluctuara sin intervención activa. La Gran Depresión puso de manifiesto las limitaciones de este enfoque, ya que la oferta monetaria se contrajo bruscamente, contribuyendo a la deflación y al colapso económico. La Gran Depresión demostró que los responsables políticos podían intervenir y atenuar una emergencia financiera inyectando liquidez en el sistema, que fue lo que hizo el Sexto Distrito de la Reserva Federal en 1930 durante la crisis bancaria de Tennessee (Richardson, 2013).

---

[80] Hayek, F. v. (2023, 29 de diciembre). *El camino abandonado*. Obtenido de Commanding Heights: https://www.pbs.org/wgbh/commandingheights/shared/minitext/ess_serfdom.html.

Importancia de la política monetaria

Investigaciones realizadas años después de la Gran Depresión identificaron la importancia de las políticas monetarias para estabilizar la economía. El análisis de Milton Friedman sobre la Gran Depresión demostró que, aunque existan limitaciones, una política monetaria adecuada puede ser una fuerza influyente para combatir las recesiones[81].

La reforma fiscal derivada de la Gran Depresión

La catástrofe económica subrayó la necesidad de leyes que protegieran la economía estadounidense y a sus consumidores de consecuencias inesperadas. Importantes reformas afectaron al mercado bursátil y a los valores.

La Gran Depresión impulsó al gobierno de Estados Unidos a promulgar varias leyes fiscales vitales para combatir la crisis económica. Estas medidas legislativas del *New Deal* autorizaron programas y políticas para recuperar, aliviar y reformar durante la década de 1930. Estas son algunas de las leyes más destacadas que se promulgaron durante la Gran Depresión y en respuesta a ella:

- Ley Glass-Steagall (1933): Una razón importante del desplome del mercado de valores en 1929 fue la participación de los bancos en la compraventa de valores. La Ley Glass-Steagall, también conocida como Ley Bancaria de 1933, influyó profundamente en la industria financiera estadounidense. La banca comercial (captación de depósitos y concesión de préstamos) se separó legalmente de la banca de inversión (suscripción y negociación de valores). La Ley Glass-Steagall creó la Corporación Federal de Seguros de Depósitos (FDIC) para asegurar los depósitos bancarios y ofrecer mayor seguridad a los ahorradores.

Por desgracia, importantes disposiciones de la ley, que pretendían mitigar los posibles daños debidos a los riesgos de inversión, fueron derogadas por la Ley Gramm-Leach-Bliley de 1999, lo que condujo a la crisis financiera de 2007-08.

---

[81] World History.us. (217, 27 de mayo). *El impacto de la Gran Depresión.* Extraído de Worldhistory.us: https://worldhistory.us/american-history/the-impact-of-the-great-depression-on-monetary-policy.php.

- Ley de Valores de 1933: Esta ley se diseñó para regular la venta y emisión de valores tras la caída de la bolsa en 1929. Exigía a las empresas proporcionar a los inversores información exhaustiva sobre los valores que vendían.

  Los inversores debían ser protegidos de cualquier actividad fraudulenta. La ley permitía a los consumidores presentar una demanda si el hecho les perjudicaba. El prospecto, una información estándar en el mercado de valores actual, fue creado por esta ley[82].

- Ley del Mercado de Valores de 1934: La Comisión de Bolsa y Valores (SEC) fue creada por esta ley para regular y supervisar el sector de los valores, incluidas las bolsas de valores y los agentes de bolsa. Su objetivo era detener el fraude y garantizar la transparencia de los mercados financieros.

  La SEC está facultada para ordenar la presentación de informes periódicos por parte de las empresas que negocian valores públicamente. Con esta medida, se regularon las actividades de los corredores y agentes de bolsa, y se prohibieron las actividades de operadores internos.

Protecciones del *New Deal*

Las políticas gubernamentales de abstencionismo causaron sufrimiento humano a gran escala durante la Gran Depresión. La administración Roosevelt introdujo legislación para proteger a la población de los desastres económicos y conceder protecciones específicas a los trabajadores.

En Estados Unidos se promulgaron una serie de leyes y reformas como parte del *New Deal* para promover condiciones laborales seguras, proteger los derechos de los trabajadores y crear una red de seguridad social para los más desfavorecidos. Estas medidas legales abordaban las dificultades económicas y las vulnerabilidades a las que se enfrentaban los trabajadores y las familias estadounidenses.

---

[82] Team, C. (2023, 29 de diciembre). *Ley de valores de 1933*. Obtenido del Instituto de Finanzas Corporativas: https://corporatefinanceinstitute.com/resources/equities/1933-securities-act-truth-securities/.

La Ley de Seguridad Social, aprobada en 1935, creó un amplio sistema de seguridad social que proporcionaba apoyo financiero y protegía a diversas categorías de personas desfavorecidas:

- Seguro de vejez: Este programa proporcionaba ayuda financiera a los jubilados, garantizando unos ingresos básicos a los mayores cuando dejaban de trabajar.
- Seguro de desempleo: Establecía un sistema de prestaciones por desempleo para los trabajadores que perdían su empleo de forma involuntaria, ofreciendo un alivio financiero temporal.
- Ayuda a los hijos a cargo: Proporcionaba asistencia a las familias monoparentales y a sus hijos, con el objetivo de aliviar la pobreza entre quienes se enfrentaban a los retos de la monoparentalidad.
- Ayuda a los ciegos y discapacitados: Se concedían ayudas económicas a las personas ciegas o discapacitadas que no podían trabajar.

La intención general de la Ley de Seguridad Social era facultar al gobierno para proteger mejor a quienes se encontraban en situación de riesgo sin tener la culpa. La política pública combatía la idea de que la autosuficiencia era la única solución para los desfavorecidos.

Diversos organismos estatales y federales empezaron a aplicar reglamentos y normas de seguridad destinados a promover condiciones de trabajo seguras y a proteger a los trabajadores de los riesgos laborales. Aunque muchas de estas normativas se desarrollaron posteriormente, las bases de las leyes de seguridad y salud en el trabajo se iniciaron durante la época del *New Deal*.

La Ley de Normas Laborales Justas (FLSA) se promulgó en 1938 para establecer varias normas esenciales para las condiciones de trabajo:

- Salario mínimo: La ley estableció un salario mínimo federal, garantizando que los trabajadores recibieran un salario justo por su trabajo.
- Horas máximas de trabajo: Introdujo normas sobre el número máximo de horas de trabajo, limitando la semana laboral a cuarenta horas para los empleados y obligando el pago de horas extraordinarias por las horas trabajadas más allá de ese límite.

- Disposiciones sobre trabajo infantil: La FLSA incluyó restricciones sobre el trabajo infantil, estableciendo limitaciones de edad y horas para proteger a los jóvenes trabajadores de la explotación.

La Ley Nacional de Relaciones Laborales (conocida comúnmente como Ley Wagner) es una piedra angular de las relaciones laborales estadounidenses. La Ley Wagner, aprobada en 1935, fue un instrumento legislativo fundamental que protegió los derechos de los trabajadores a organizarse y negociar colectivamente:

- Derechos sindicales: Protegía los derechos de los trabajadores a afiliarse a sindicatos y a negociar colectivamente con la dirección. Su aprobación dio lugar a un aumento de los esfuerzos para sindicalizarse y permitir la negociación colectiva.

- Prohibición de prácticas laborales desleales: Esta ley impidió a los empresarios llevar a cabo prácticas laborales desleales que obstaculizaban los derechos de los trabajadores a sindicalizarse y negociar colectivamente.

Estas leyes e iniciativas supusieron un cambio significativo en la política gubernamental. Siguen configurando la política laboral y social de Estados Unidos y contribuyen a una sociedad más equitativa y segura.

En resumen

La Gran Depresión terminó gracias a una combinación de factores que incluían el estímulo económico de la Segunda Guerra Mundial, el aumento del gasto público que creó empleo, un aumento de la demanda de los consumidores y cambios en las políticas monetarias.

El *New Deal* influyó profundamente en la sociedad estadounidense y es el legado perdurable de la administración Roosevelt. Fue decisivo para ayudar a Estados Unidos a recuperarse del abismo de la Gran Depresión. Los programas de obras públicas, las iniciativas de creación de empleo y las regulaciones financieras proporcionaron un alivio muy necesario y estimularon la actividad económica, reduciendo el desempleo y estabilizando el sistema bancario.

El *New Deal* representó una expansión trascendental del papel del gobierno federal en la economía. Supuso un alejamiento de las políticas económicas de abstencionismo y señaló la voluntad del gobierno de intervenir activamente en los asuntos económicos para hacer frente a la crisis y promover el bienestar de los ciudadanos. Este enfoque intervencionista sentó las bases para el desarrollo del moderno Estado del bienestar. Muchos de los programas y principios esenciales del *New Deal* inspiran la gobernanza y la política social estadounidenses de hoy en día.

Conclusión

Estados Unidos sobrevivió a la Gran Depresión y se convirtió en una de las mayores potencias económicas de la historia mundial. El estatus de superpotencia de Estados Unidos no significa que se haya olvidado ese periodo desesperado de los años treinta. De hecho, es imposible ignorarlo, porque hay recordatorios por todas partes. No se trata solo de bibliotecas y museos construidos en el marco de la WPA. Hay partes sustanciales de la economía y la cultura estadounidense que se dan por sentadas y que tienen sus raíces en la Gran Depresión.

Existen salvaguardias para evitar que el mercado de valores se desplome repentinamente en el caos. Estas han permitido que el sistema sobreviva a episodios económicos que lo habrían destruido de no existir ciertas protecciones. El mercado de valores es mucho más sofisticado que hace noventa años. Las normas y reglamentos de la SEC y otras directrices gubernamentales garantizan una mayor seguridad a los inversores, una seguridad que no existía en 1929.

Los días en que el gobierno era un espectador casual en la vida de la gente terminaron. El público estadounidense quería ciertas protecciones y creía que el gobierno debía desempeñar un papel en su vida. La Seguridad Social y otros programas de bienestar, desconocidos antes de la Gran Depresión, son ahora parte integral de la vida de muchas personas.

Los medios de comunicación se convirtieron en una parte esencial de la vida. Roosevelt utilizó sus charlas junto al fuego para explicar los diversos programas que estaba tratando de instituir. La radio fue un comunicador muy eficaz de ideas y opiniones.

Las artes y la cultura progresaron espectacularmente durante el *New Deal*. Mucha gente pudo ver teatro en directo por primera vez y las artes visuales alcanzaron altos niveles de sofisticación. El cine se convirtió en una pieza central de la cultura estadounidense y sigue siendo una fuerza poderosa del arte norteamericano.

La gente que soportó los duros tiempos del principio tuvo fe en los programas del *New Deal* y se aferró a él en las buenas y en las malas. Lo interesante es que los estadounidenses conservaron sus instituciones y sus libertades. Otros países sufrieron violentos disturbios y regímenes autoritarios, pero en Estados Unidos no ocurrió eso. El gobierno tenía un papel en la vida de la gente, pero eso no significaba detenciones y purgas masivas.

No hay duda de que la Gran Depresión moldeó el carácter de los jóvenes que la vivieron. Crecieron y se convirtieron en la mejor generación de Estados Unidos. Muchos fueron los primeros miembros de sus familias en ir a la universidad, y millones fueron a la guerra tras el bombardeo de Pearl Harbor. Los que resistieron los duros días de la Gran Depresión fueron los mismos que, unos años más tarde, asaltaron las playas de Normandía, luchando para acabar con el fascismo y los regímenes autoritarios.

La Gran Depresión fue una gran prueba para los estadounidenses. La historia demuestra que la superaron con creces.

Vea más libros escritos por Enthralling History

Referencias

Amadeo, K. (2021, January 27). Black Thursday 1929, What Happened, and What Caused It. Retrieved from The balance: https://www.thebalancemoney.com/black-thursday-1929-what-happened-and-what-caused-it-3305817.

Amadeo, K. (2021, March 4). Black Tuesday, Its Causes and How It Kicked Off the Depression. Retrieved from The balance: https://www.thebalancemoney.com/black-tuesday-definition-cause-kickoff-to-depression-3305819.

Amadeo, K. (2022, March 28). 1920s Economy. Retrieved from The balancemoney.com: https://www.thebalancemoney.com/roaring-twenties-4060511.

American-historama.org. (2023, December 25). The Hundred Days FDR. Retrieved from American-historama.org: https://www.american-historama.org/1929-1945-depression-ww2-era/hundred-days.htm.

Angola Transparency. (2023, December 23). What Role Did Credit Play in the 1920s. Retrieved from Angolatrasparemcy.blog: https://angolatransparency.blog/en/what-role-did-credit-play-in-the-1920s/.

Au, T. (2015, January 21). Was the Stock Market Crash of 1929 a Cause or Result of the Great Depression? Retrieved from History.stackexchange.com: https://history.stackexchange.com/questions/19038/was-the-stock-market-crash-of-1929-a-cause-or-result-of-the-great-depression.

Barnett, C. (2022, January 13). The Federal Writers' Project: Exploring "The Greatest Literary Project in History." Retrieved from Bookriot.com: https://bookriot.com/federal-writers-project/.

Bennet Sherry, P. (2023, December 28). Global Great Depression. Retrieved from Khan Academy: https://www.khanacademy.org/humanities/whp-1750/xcabef9ed3fc7da7b:unit-7-interwar-and-world-war-ii/xcabef9ed3fc7da7b:7-1-totalitarianism-or-liberal-internationalism/a/read-global-great-depression-beta1.

Brain, J. (2023, December 28). The Great Depression. Retrieved from Historic UK.com: https://www.historic-uk.com/HistoryUK/HistoryofBritain/Great-Depression/.

Britannica.com. (2023, November 26). Holodomor. Retrieved from Britannica.com: https://www.britannica.com/event/Holodomor

Britannica.com. (2023, December 28). Political Movements and Social Change. Retrieved from Britannica.com: https://www.britannica.com/money/topic/Great-Depression/Political-movements-and-social-change.

Britannica.com. (2023, December 28). Smoot-Hawley Tariff Act. Retrieved from Britannica.com: https://www.britannica.com/topic/Smoot-Hawley-Tariff-Act.

Cameron, L. A. (2022, June 30). Agricultural Depression 1920-1924. Retrieved from Mnopedia.org: https://www.mnopedia.org/agricultural-depression-1920-1934.

Cassidy, D. (2022, August 6). Weather Wonders: The Dust Bowl. Retrieved from KWWL.com: https://www.kwwl.com/weather/blog/weather-wonders-the-dust-bowl/article_5ad85530-079c-11ed-9e6d-77fc5127444e.html.

Colombo, J. (2012, June 26). The 1920s Florida Real Estate Bubble. Retrieved from hebubblebubble.com: https://www.thebubblebubble.com/florida-property-bubble/.

Cravens, H. (2009). Great Depression: Hollywood Movies and the American Community. Retrieved from Omnilogos.com: https://omnilogos.com/great-depression-hollywood-movies-and-american-community/.

Dana Galizia, F. P. (2014, June 1). Reconciling Hayek's and Keynes' Views of Recessions. Retrieved from Cepr.org: https://cepr.org/voxeu/columns/reconciling-hayeks-and-keynes-views-recessions.

Deceptology. (2022, November 29). The Prosperity of the 1920s: An Illusion for Many. Retrieved from Deceptology.com: https://www.deceptology.com/deceptive/the-prosperity-of-the-1920s-an-illusion-for-many.html.

Diffendarfer, J. (2023, November 8). Hobo Code: The Signs and Symbols Used by Travelers of Old. Retrieved from Owlcation.com: https://owlcation.com/humanities/All-things-HOBO-signs-and-symbols.

Digital History. (2023, December 24). President Hoover. Retrieved from Digital History.uh.edu: https://www.digitalhistory.uh.edu/disp_textbook.cfm?smtID=2&psid=3436.

Digital History. (2023, December 25). The New Deal in Decline. Retrieved from Digitalhistory.uh.edu: https://www.digitalhistory.uh.edu/disp_textbook.cfm?smtID=2&psid=3450.

Editors, H. (2023, April 24). Dust Bowl. Retrieved from History.com: https://www.history.com/topics/great-depression/dust-bowl.

Encyclopedia.com. (2023, December 25). Education 1929-1941. Retrieved from Encyclopedia.com: https://www.encyclopedia.com/education/news-and-education-magazines/education-1929-1941.

Encyclopedia.com. (2023, December 28). Europe, Great Depression In. Retrieved from Encyclopedia.com: https://www.encyclopedia.com/economics/encyclopedias-almanacs-transcripts-and-maps/europe-great-depression.

Encyclopedia.com. (2023, December 28). Federal Music Project (FMP). Retrieved from Encyclopedia.com: https://www.encyclopedia.com/economics/encyclopedias-almanacs-transcripts-and-maps/federal-music-project-fmp.

Encyclopedia.com. (2023, December 25). Public Health 1929-1941. Retrieved from Encyclopedia.com: https://www.encyclopedia.com/education/news-and-education-magazines/public-health-1929-1941.

Encyclopedia.com. (2023, December 24). Farm Foreclosures. Retrieved from Encyclopedia.com: https://www.encyclopedia.com/economics/encyclopedias-almanacs-transcripts-and-maps/farm-foreclosures.

Encyclopedia.com. (2023, December 24). Farm Relief 1929-1941. Retrieved from Encyclopedia.com: https://www.encyclopedia.com/education/news-and-education-magazines/farm-relief-1929-1941.

Encyclopedia.com. (2023, December 24). Great Depression in the South. Retrieved from Encylopedia.com: https://www.encyclopedia.com/economics/encyclopedias-almanacs-transcripts-and-maps/south-great-depression.

Facing History.org. (2016, August 2). The Battle for Work. Retrieved from Facinghistory.org: https://www.facinghistory.org/resource-library/battle-work.

Federal Reserve History. (2023, December 25). Bank Holiday of 1933. Retrieved from Federalreservehistory.org: https://www.federalreservehistory.org/essays/bank-holiday-of-1933.

Firey, T. A. (2014, September 23). How Government Caused the Great Depression. Retrieved from The Maryland Public Policy Institute:

https://www.mdpolicy.org/research/detail/how-government-caused-the-great-depression.

Florida State College at Jacksonville. (2023, December 23). The Great Depression and President Hoover's Response. Retrieved from fscj.pressbooks.pub: https://fscj.pressbooks.pub/modernushistory/chapter/brother-can-you-spare-a-dime-the-great-depression/.

Fulmer, R. W. (2009, October 23). World War II Ended the Great Depression. Retrieved from Foundation for Economic Education: https://fee.org/articles/world-war-ii-ended-the-great-depression/.

Gary Richardson, A. K. (2023, December 23). Stock Market Crash of 1929. Retrieved from Federal Reserve History: https://www.federalreservehistory.org/essays/stock-market-crash-of-1929.

Gilderlehrman.org. (2023, December 23). Herbert Hoover's Inaugural Address, 1929. Retrieved from Gilderlehrman.org: https://www.gilderlehrman.org/history-resources/spotlight-primary-source/herbert-hoovers-inaugural-address-1929.

Gillette, G. (2023, December 25). A Sleeping Giant: Detroit in the Mid-1930s. Retrieved from Sabr.org: https://sabr.org/journal/article/a-sleeping-giant-detroit-in-the-mid-1930s/.

Hayek, F. v. (2023, December 29). The Abandoned Road. Retrieved from Commanding Heights: https://www.pbs.org/wgbh/commandingheights/shared/minitext/ess_serfdom.html.

Herbert Hoover Presidential Library and Museum. (2023, December 24). The Great Depression. Retrieved from Hoover.archives.gov: https://hoover.archives.gov/exhibits/great-depression.

History.com. (2023, November 16). Stock Market Crash of 1929. Retrieved from History.com: https://www.history.com/topics/great-depression/1929-stock-market-crash.

History.com Editors. (2022, March 29). Herber Hoover. Retrieved from History.com: https://www.history.com/topics/us-presidents/herbert-hoover.

History.com Editors. (2023, June 13). TVA. Retrieved from History.com: https://www.history.com/topics/great-depression/history-of-the-tva.

Interactive.com. (2023, December 25). DuSable to Obama. Retrieved from Early Chicago: The Great Migration: https://interactive.wttw.com/dusable-to-obama/the-great-migration.

Kenton, W. (2023, March 16). Stock Market Crash of 1929: Definition, Causes, Effects. Retrieved from Investopedia.com: https://www.investopedia.com/terms/s/stock-market-crash-1929.asp.

Klein, C. (2023, September 26). Before FDR, Herbert Hoover Tred His Own "New Deal." Retrieved from History.com: https://www.history.com/news/great-depression-herbert-hoover-new-deal.

Klein, C. (2023, March 28). How Economic Turmoil After WWI Led to the Great Depression. Retrieved from History.com: https://www.history.com/news/world-war-i-cause-great-depression.

Konkel, L. (2023, January 20). Life for the Average Family during the Great Depression. Retrieved from History.com: https://www.history.com/news/life-for-the-average-family-during-the-great-depression.

Longley, R. (2020, May 26). Hoovervilles: Homeless Camps of the Great Depression. Retrieved from ThoughtCo.com: https://www.thoughtco.com/hoovervilles-homeless-camps-of-the-great-depression-4845996.

McGee, S. (2021, May 13). How Bank Failures Contributed to the Great Depression. Retrieved from History.com: https://www.history.com/news/bank-failures-great-depression-1929-crash.

Mediawiki. (2023, December 28). Abandonment of Gold Standard during Inter-War Period. Retrieved from Mediawiki.midlebury.edu: https://mediawiki.middlebury.edu/IPE/Abandonment_of_Gold_Standard_during_Inter-War_Period.

Meyer, I. (2022, February 25). 1930s Art—A Look at the Art and Artists of America after the Fall. Retrieved from Artincontext.org: https://artincontext.org/1930s-art/.

National Park Service. (2023, December 24). The Emergence of the Great Humanitarian. Retrieved from NPS.gov: https://www.nps.gov/articles/emergence-of-the-great-humanitarian.htm.

National Security Agency/Central Security Service. (2021, August 4). Hobo Communications: A Brief History of Hobos and Their Signs. Retrieved from Nsa.gov: https://www.nsa.gov/History/National-Cryptologic-Museum/Exhibits-Artifacts/Exhibit-View/Article/2718897/hobo-communications-a-brief-history-of-hobos-and-their-signs/

Nicole, A. (2023, October 10). The Smoot-Hawley Tarif Act: Economic Protectionism and Its Impact on the Great Depression. Retrieved from Spermoney.com: https://www.supermoney.com/encyclopedia/smoot-hawley-tariff-act.

Pettinger, T. (2020, April 1). Unemployment during the Great Depression. Retrieved from Economic help: https://www.economicshelp.org/blog/162985/economics/unemployment-during-the-great-depression/.

Prativadi, J. (2015, February 17). How Did the Great Depression Affect Italy? Retrieved from Prezi.com: https://prezi.com/py8yiawrr64j/how-did-the-great-depression-affect-italy/.

Richardson, G. (2013, September). Banking Crisis and the Federal Reserve as a Lender of Last Resort during the Great Depression? Retrieved from National Bureau of Economic Research: https://www.nber.org/reporter/2013number3/banking-crises-and-federal-reserve-lender-last-resort-during-great-depression.

Richardson, G. (2023, December 24). Banking Panics of 1930-31. Retrieved from Federal Reserve History: https://www.federalreservehistory.org/essays/banking-panics-1930-31.

Roos, D. (2023, March 27). Here Are Warning Signs Investors Missed before the 1929 Crash. Retrieved from History.com: https://www.history.com/news/1929-stock-market-crash-warning-signs.

Rudnik, A. (2023, September 18). The Art of the Great Depression. Retrieved from 82nd-and-fifth.metmuseum.org: https://82nd-and-fifth.metmuseum.org/perspectives/articles/2023/9/the-art-of-the-great-depression.

Science.Smith. (2023, December 24). The Dust Bowl (c.1930-1940). Retrieved from Science.Smith.edu: https://www.science.smith.edu/climatelit/the-dust-bowl/.

Silber, W. L. (2009, July). Why Did FDR's Bank Holiday Succeed? Retrieved from Newyorkfed.org: https://www.newyorkfed.org/research/epr/09v15n1/0907silb.html.

Social Welfare History Project. (2023, December 25). The National Recovery Administration (1933-1935). Retrieved from socialwelfare.lbrary.vcu.edu: https://socialwelfare.library.vcu.edu/eras/great-depression/u-s-national-recovery-administration/.

Supersummary.com. (2023, December 28). Waiting for Lefty. Retrieved from Supersummary.com: https://www.supersummary.com/waiting-for-lefty/summary/.

Team, C. (2023, December 24). Smoot-Hawley Tariff Act. Retrieved from Corporatefinancenstitute.com: https://corporatefinanceinstitute.com/resources/economics/smoot-hawley-tariff-act/.

Team, C. (2023, December 29). The 1933 Securities Act. Retrieved from Corporate Finance Institute: https://corporatefinanceinstitute.com/resources/equities/1933-securities-act-truth-securities/.

Tennessee Valley Authority. (2023, December 25). The Lost Towns of Pickwick. Retrieved from Tva.com: https://www.tva.com/About-TVA/Our-History/Built-for-the-People/The-Lost-Towns-of-Pickwick.

Theodore Phalan, D. Y. (2012, February 29). The Smoot-Hawley Tariff and the Great Depression. Retrieved from Fee.org: https://fee.org/articles/the-smoot-hawley-tariff-and-the-great-depression/.

U-S-history.com. (2023, December 24). Hoover's Early Relief Efforts. Retrieved from U-S-history.com: https://www.u-s-history.com/pages/h1533.html.

Watts, J. (2021, May 18). Underwater Ghost Towns of Tennessee. Retrieved from Tnmuseum.org: https://tnmuseum.org/junior-curators/posts/underwater-ghost-towns-of-tennessee.

Wilhite, D. A. (2023, December 24). The Encyclopedia of Oklahoma History and Culture: Dust Bowl. Retrieved from Oklahoma Historical Society: https://www.okhistory.org/publications/enc/entry.php?entry=DU011#:~:text=As%20a%20result%2C%20dust%20storms,Colorado%20and%20northeastern%20New%20Mexico.

World History.us. (217, May 27). The Impact of the Great Depression. Retrieved from Worldhistory.us: https://worldhistory.us/american-history/the-impact-of-the-great-depression-on-monetary-policy.php.

Wurm, S. (2017, July 2). The Great Depression: Credit-Anstalt Crisis 1931. Retrieved from Central European Economic and Social History.com: http://centraleuropeaneconomicandsocialhistory.com/the-great-depression-credit-anstalt-crisis-1931.

Yeats, W. B. (2923, December 23). The Second Coming. Retrieved from Poetry Foundation.org: https://www.poetryfoundation.org/poems/43290/the-second-coming.

Fuentes de imágenes

i https://commons.wikimedia.org/wiki/File:Crowd_outside_nyse.jpg

ii https://commons.wikimedia.org/wiki/File:Bank_of_the_United_States_failure_NYWTS.jpg

iii https://commons.wikimedia.org/wiki/File:Dust_Bowl_-_Dallas,_South_Dakota_1936.jpg

iv https://commons.wikimedia.org/wiki/File:Poor_mother_and_children,_Oklahoma,_1936_by_Dorothea_Lange.jpg

v https://commons.wikimedia.org/wiki/File:President_Hoover_portrait.jpg

vi https://commons.wikimedia.org/wiki/File:Unemployed_men_queued_outside_a_depression_soup_kitchen_opened_in_Chicago_by_Al_Capone,_02-1931_-_NARA_-_541927.jpg

vii https://commons.wikimedia.org/wiki/File:Franklin-roosevelt.JPG

viii https://commons.wikimedia.org/wiki/File:Civilian_Conservation_Corps_-_NARA_-_195832.jpg

ix Will O'Neil (archivo original)NikNaks talk - gallery - Wikipedia, CC BY-SA 3.0 https://creativecommons.org/licenses/by-sa/3.0, vía Wikimedia Commons; https://commons.wikimedia.org/wiki/File:Graph_charting_income_per_capita_throughout_the_Great_Depression.svg

x https://commons.wikimedia.org/wiki/File:Rivera_detroit_industry_north.jpg

xi https://commons.wikimedia.org/wiki/File:Lange-MigrantMother02.jpg

www.ingramcontent.com/pod-product-compliance
Lightning Source LLC
Chambersburg PA
CBHW070337010526
44107CB00004B/534